This book belongs to

i
h
g
f
e
d
c
b
a

1 2 3 4 5 6 7 8 9

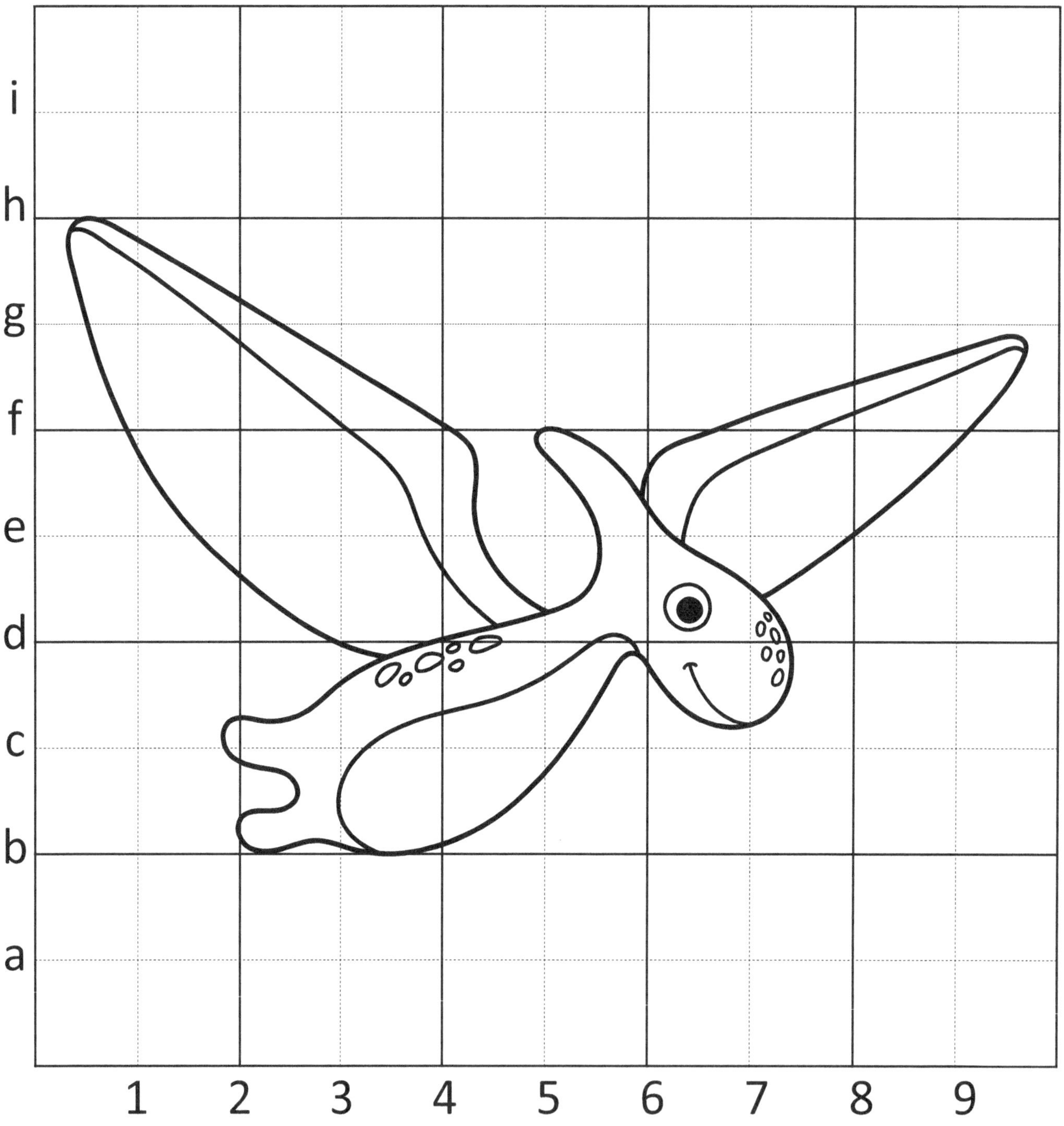

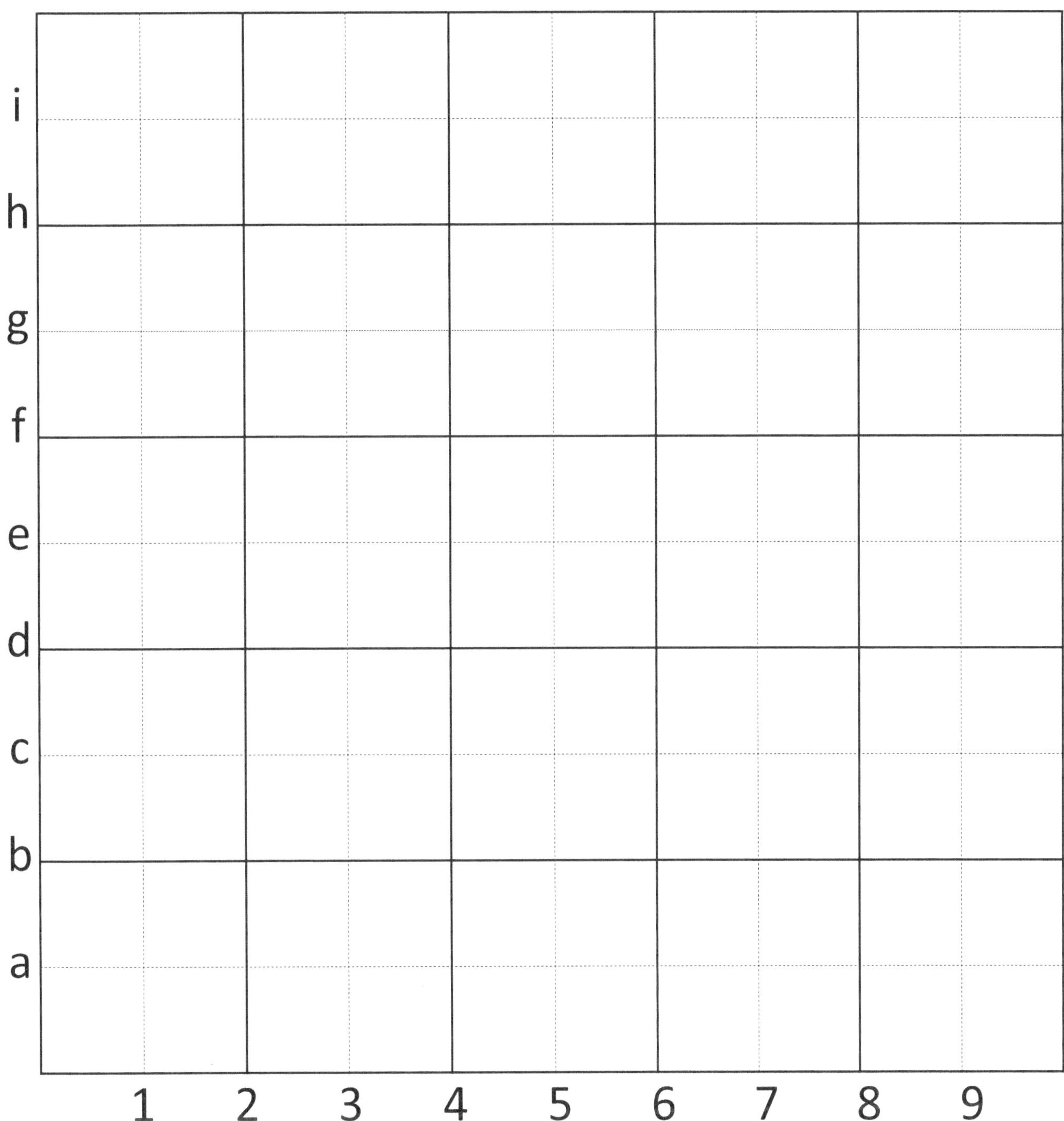
i
h
g
f
e
d
c
b
a
1
2
3
4
5
6
7
8
9

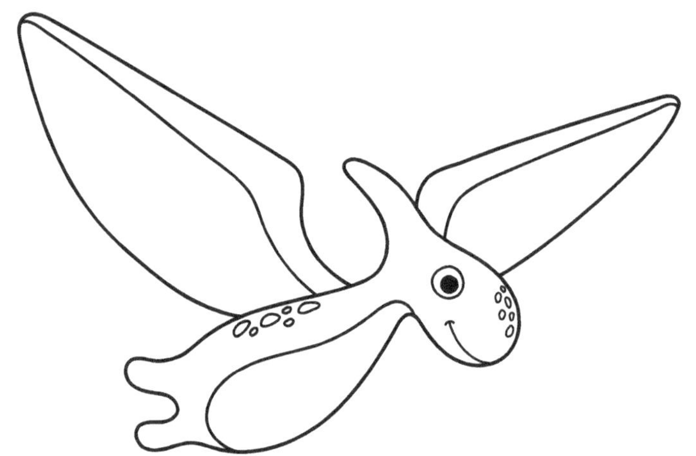

i
h
g
f
e
d
c
b
a

1 2 3 4 5 6 7 8 9

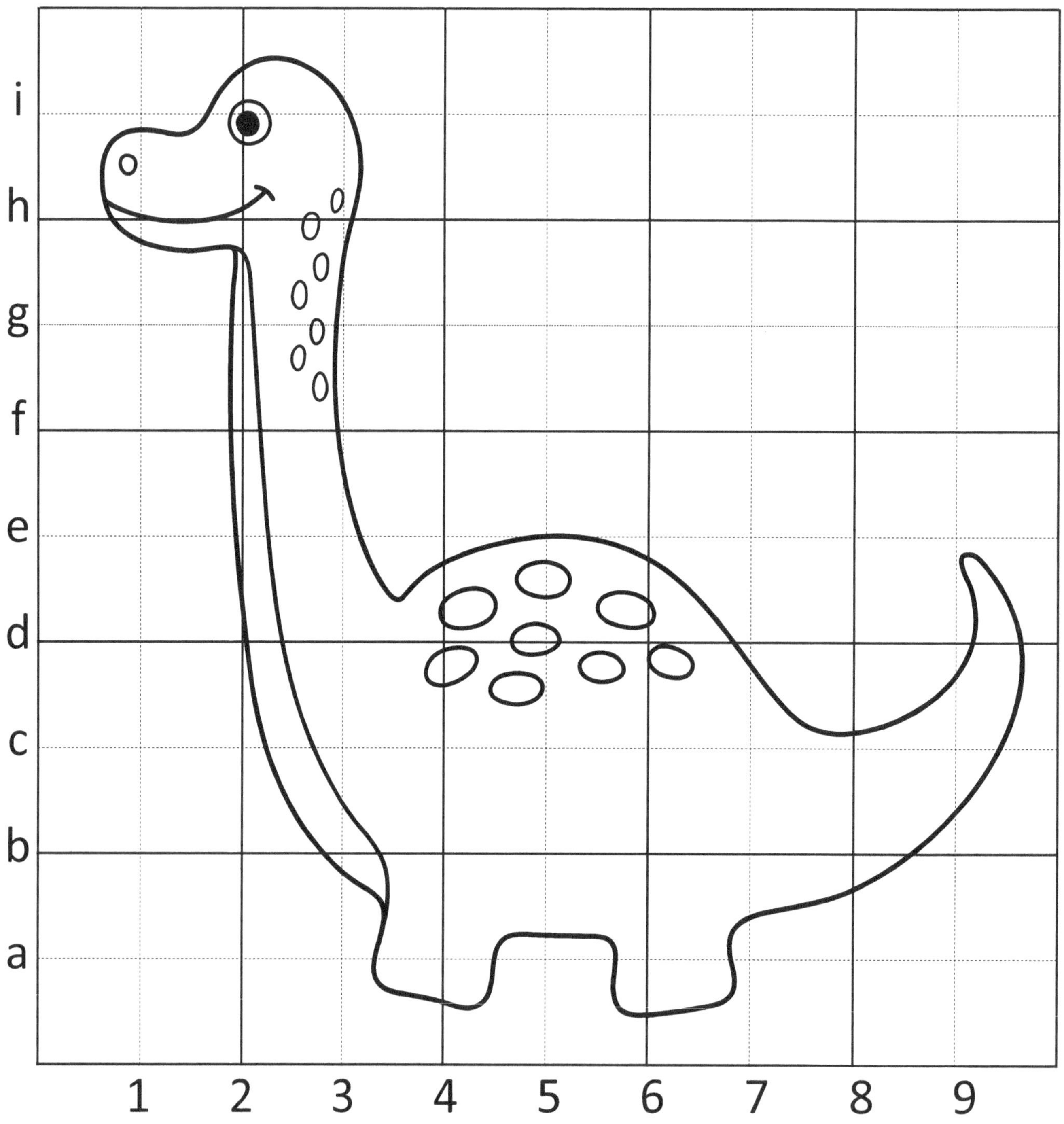

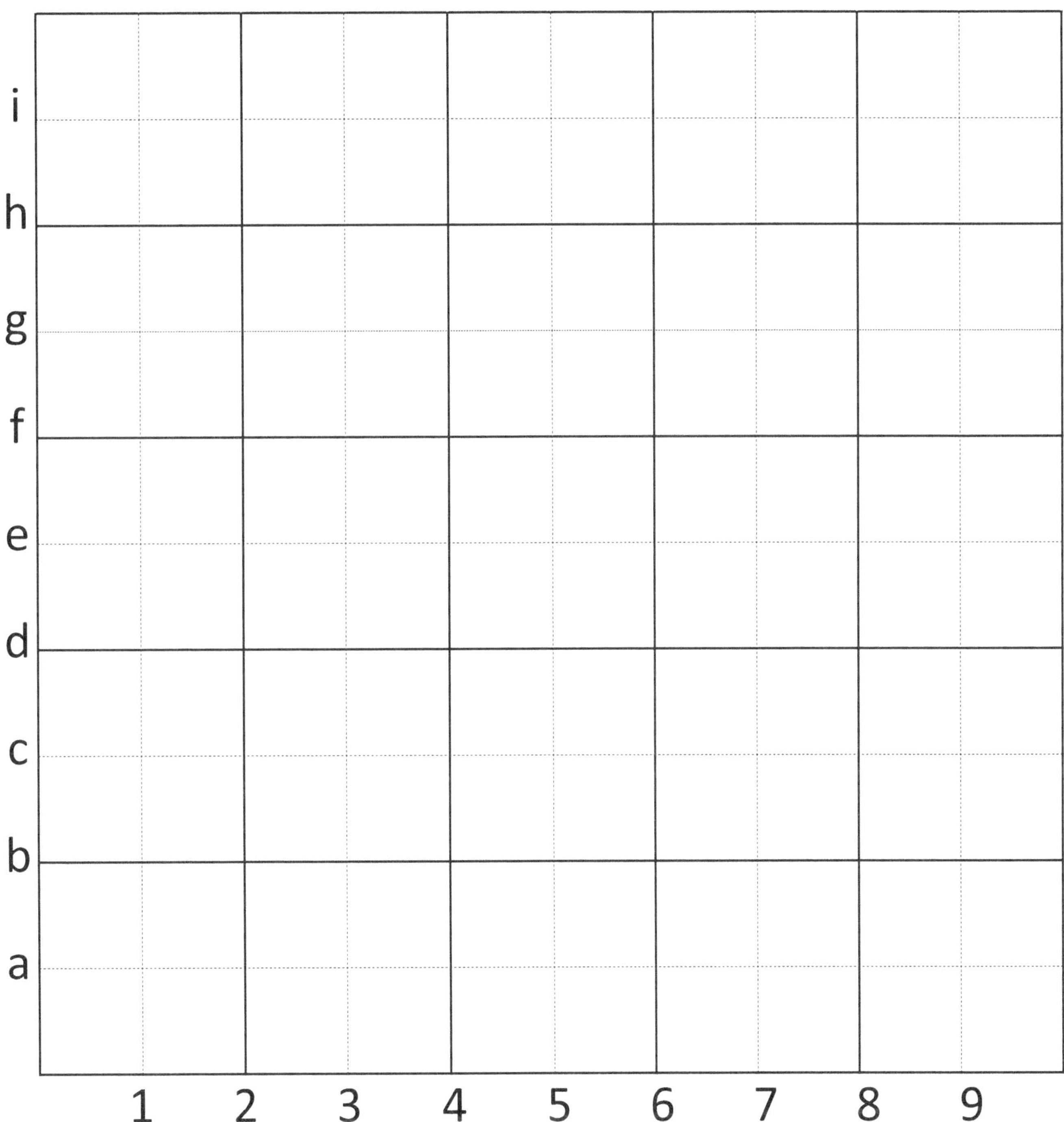
i
h
g
f
e
d
c
b
a
1
2
3
4
5
6
7
8
9

3

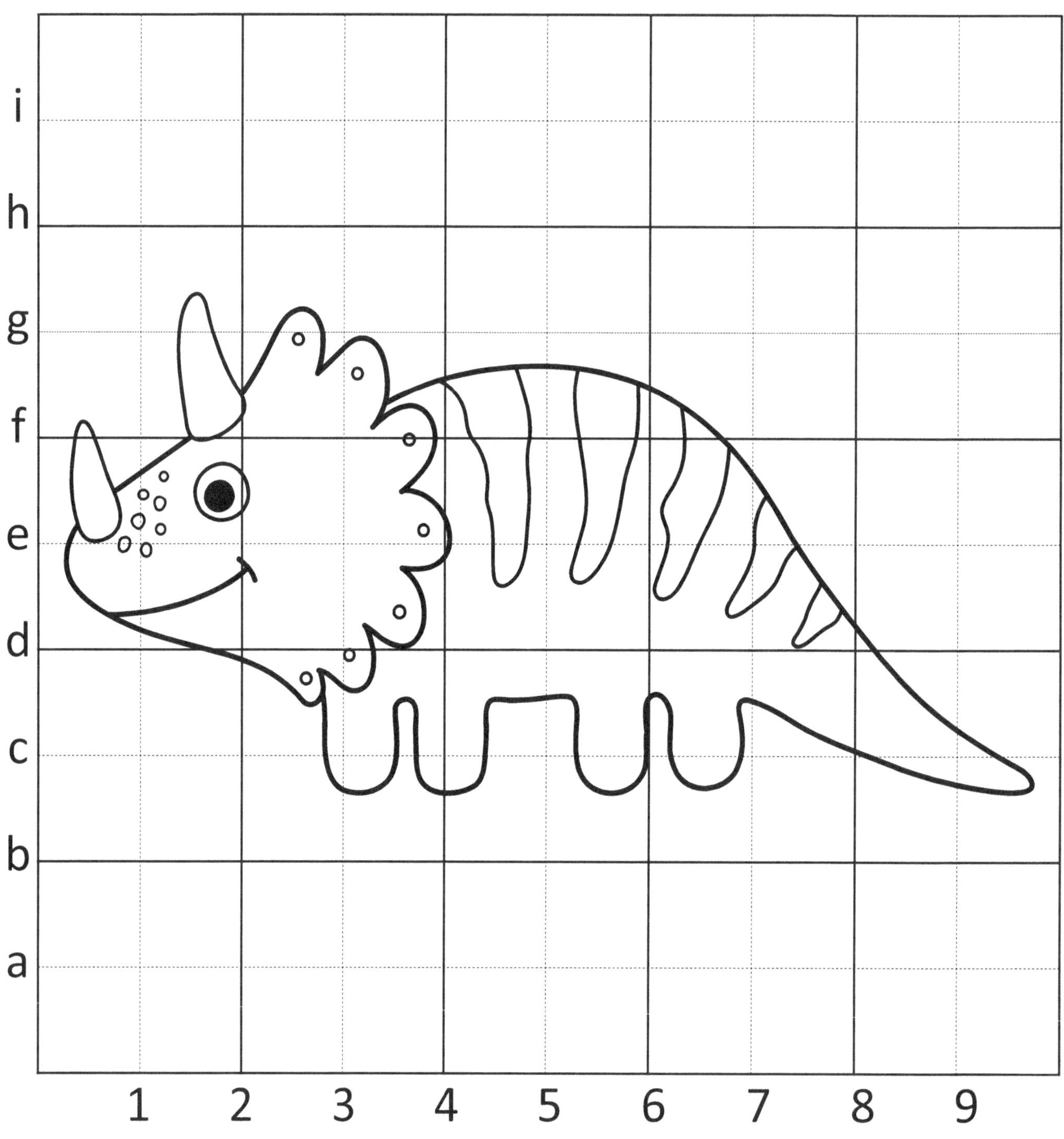

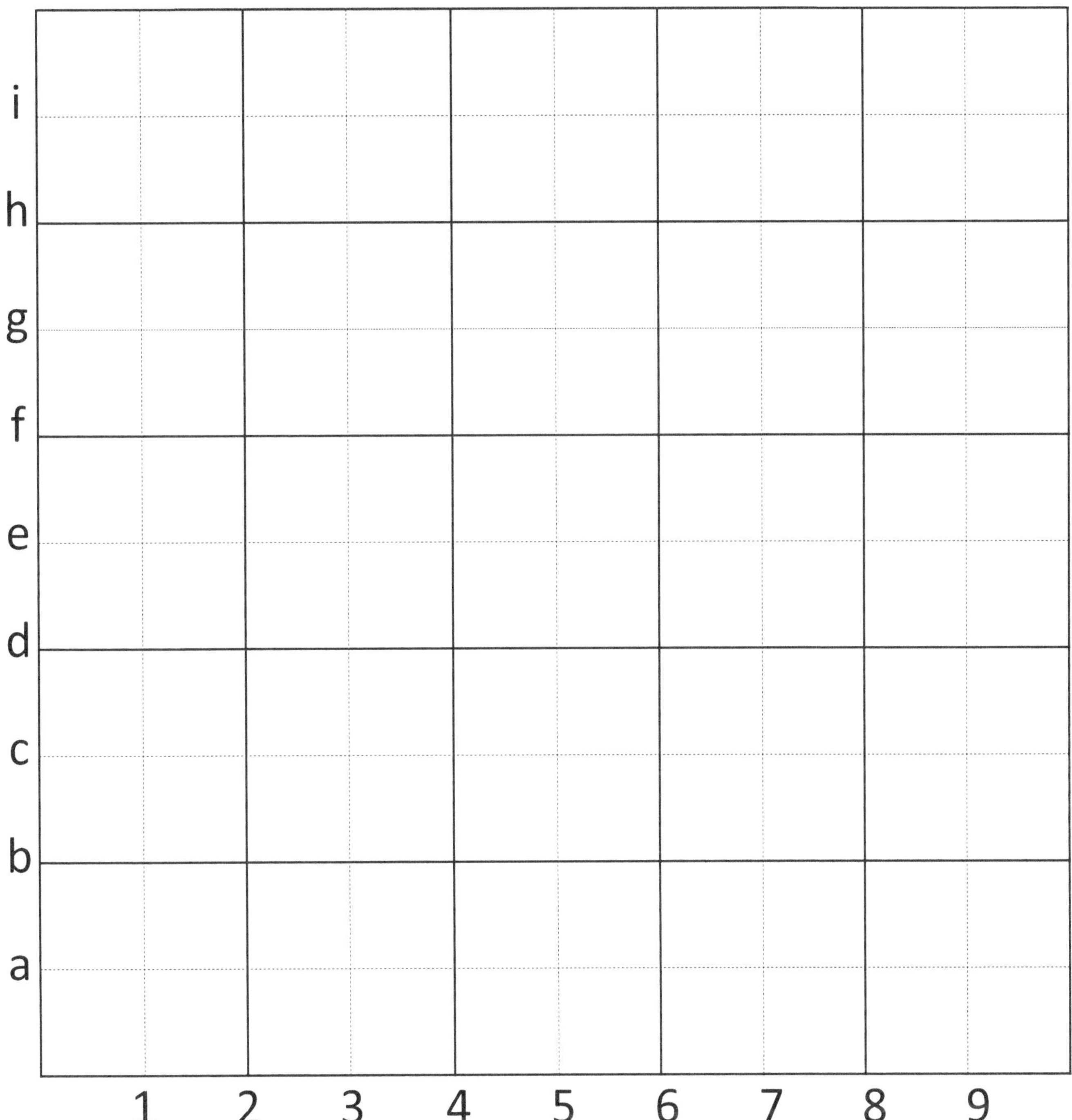

i
h
g
f
e
d
c
b
a
1
2
3
4
5
6
7
8
9

i
h
g
f
e
d
c
b
a

1 2 3 4 5 6 7 8 9

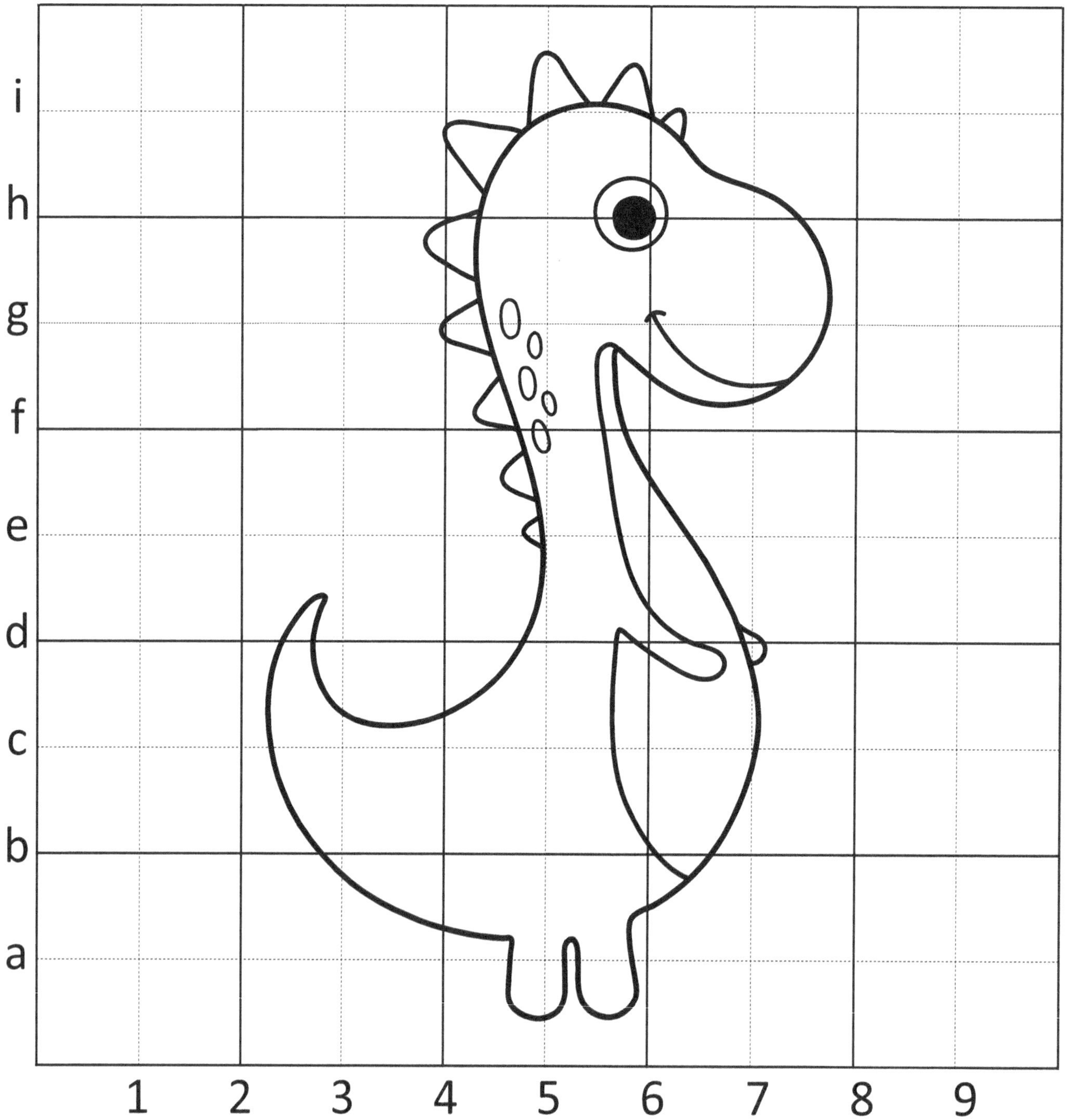

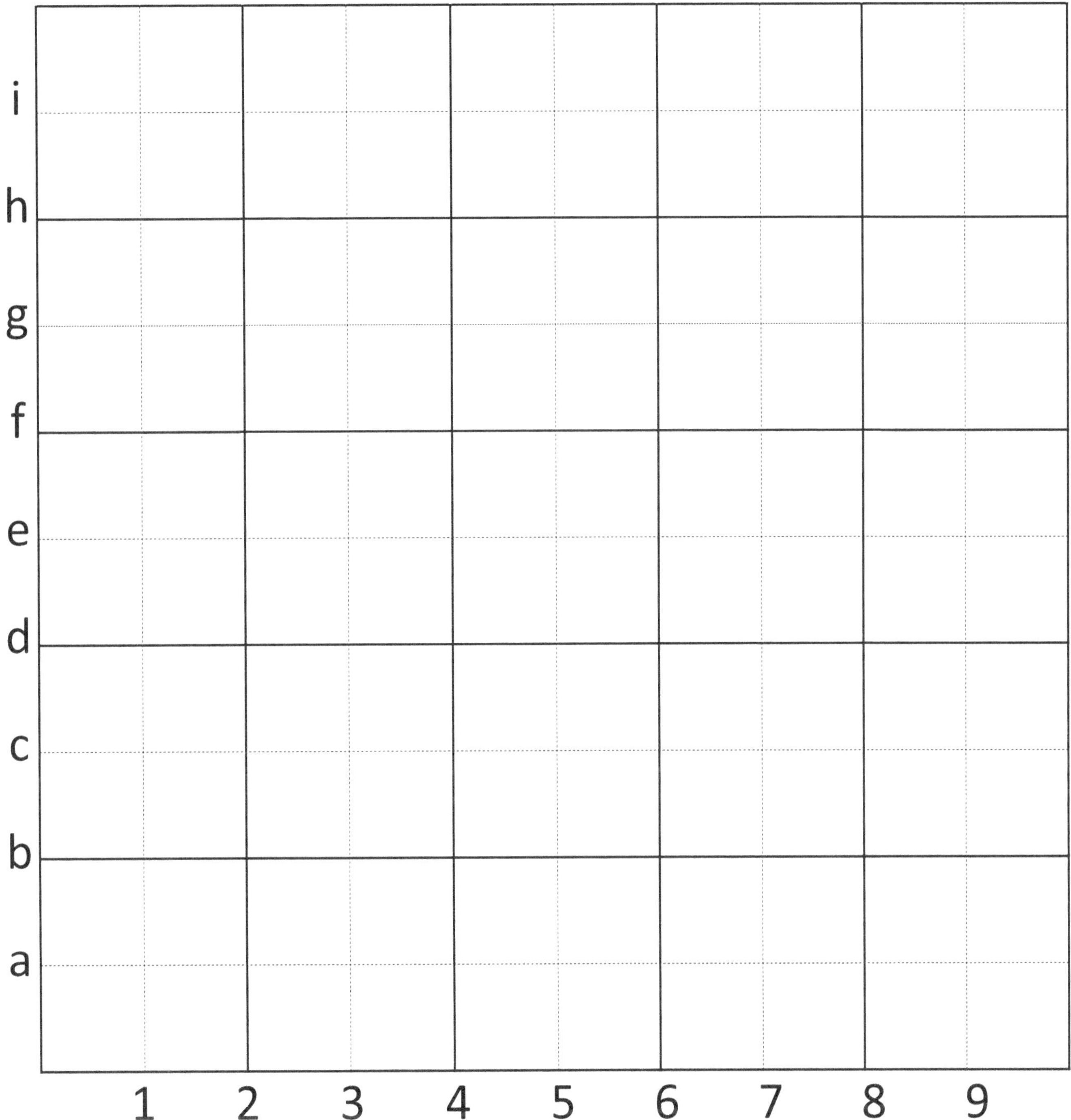
i
h
g
f
e
d
c
b
a
1
2
3
4
5
6
7
8
9

i
h
g
f
e
d
c
b
a

1 2 3 4 5 6 7 8 9

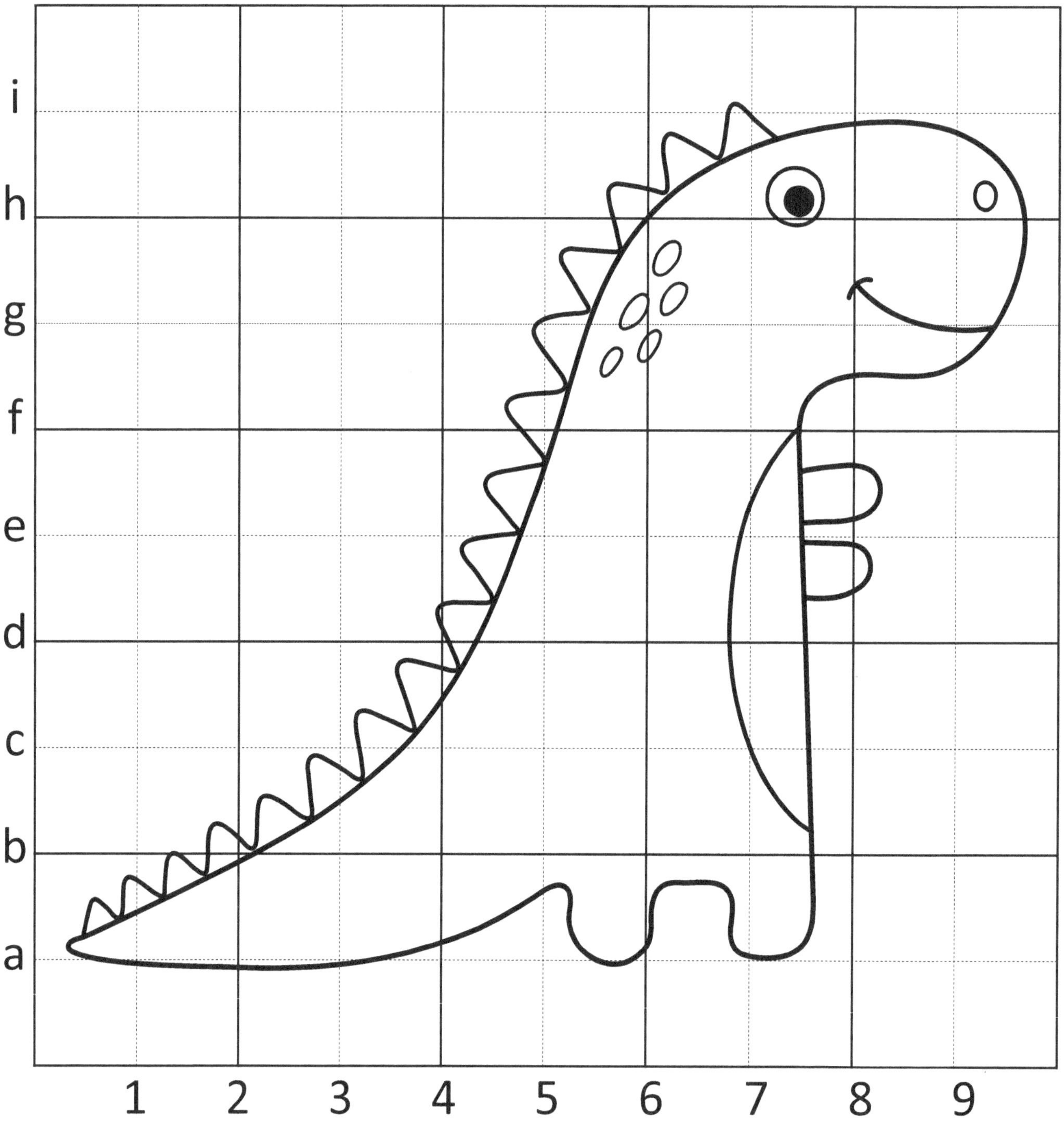

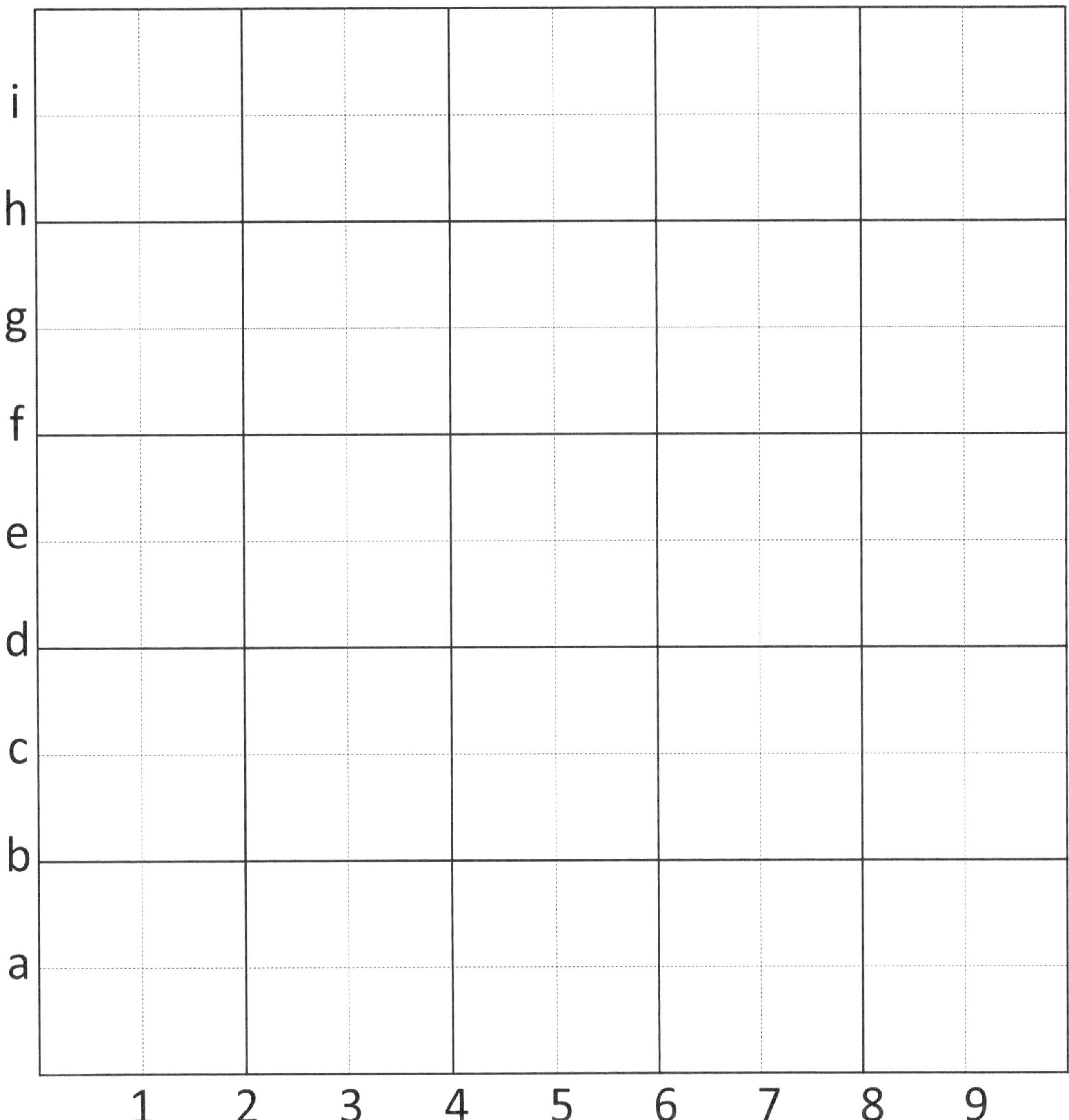
i
h
g
f
e
d
c
b
a
1
2
3
4
5
6
7
8
9

i
h
g
f
e
d
c
b
a

1 2 3 4 5 6 7 8 9

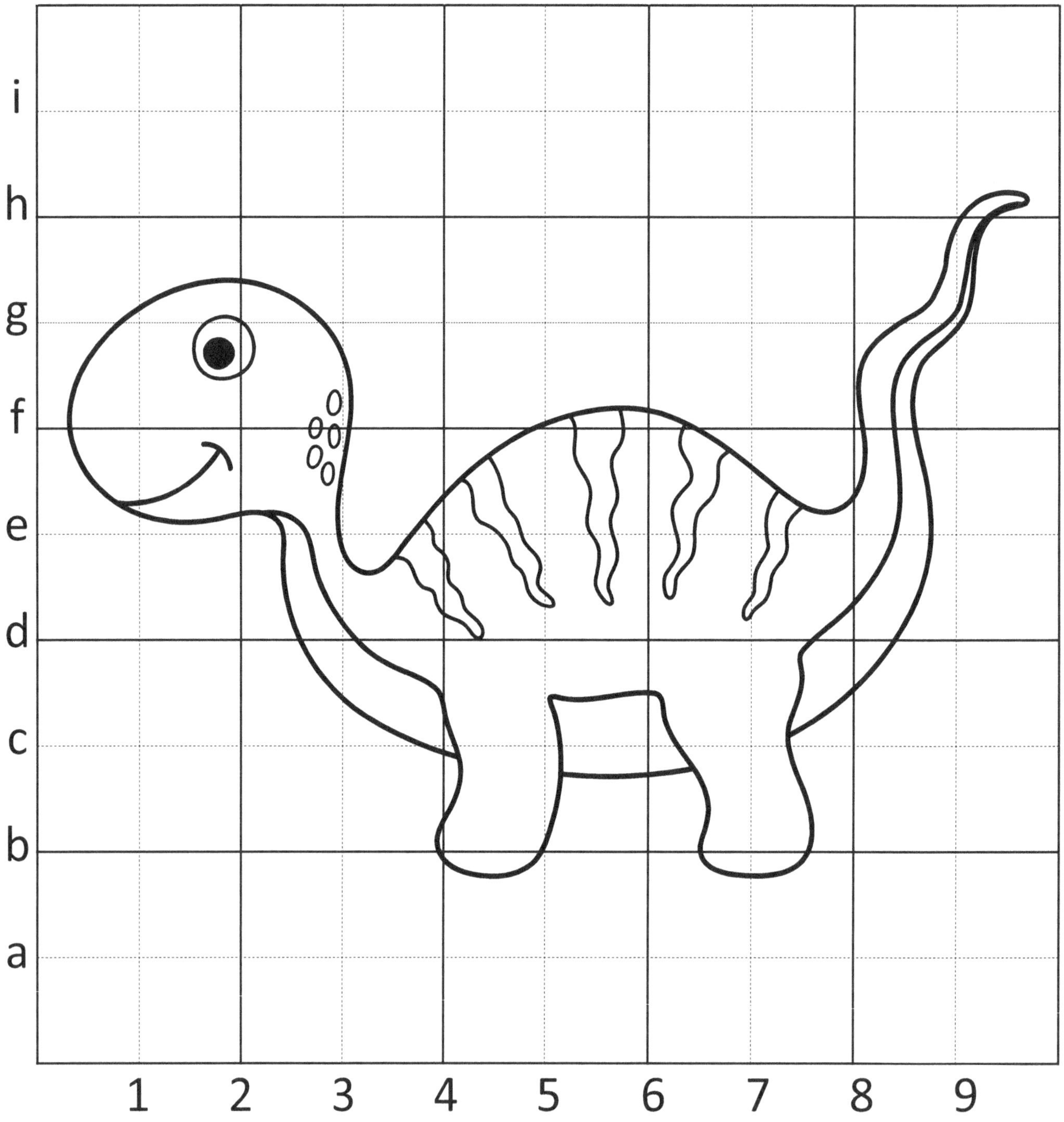

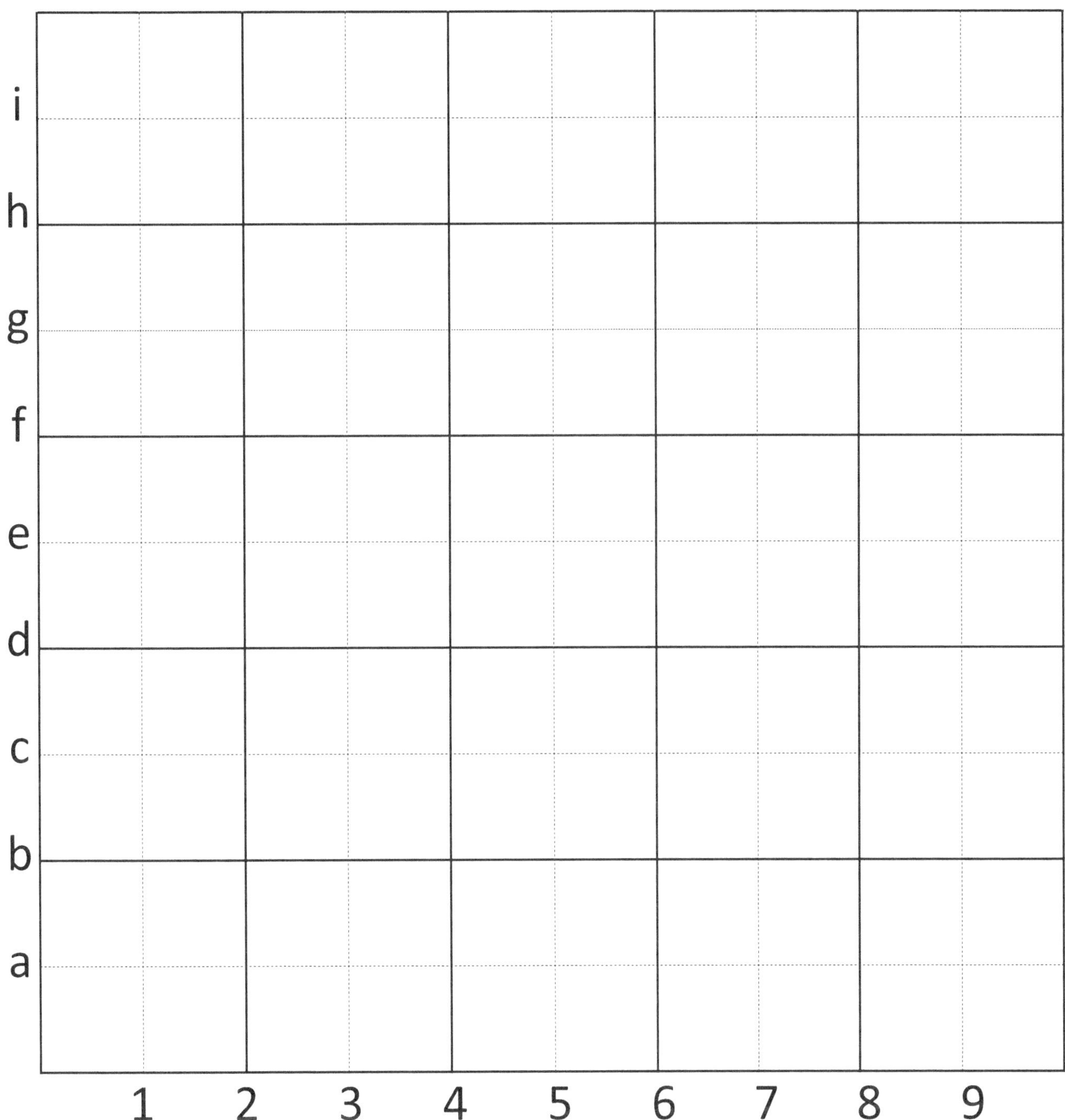
i
h
g
f
e
d
c
b
a
1
2
3
4
5
6
7
8
9

7

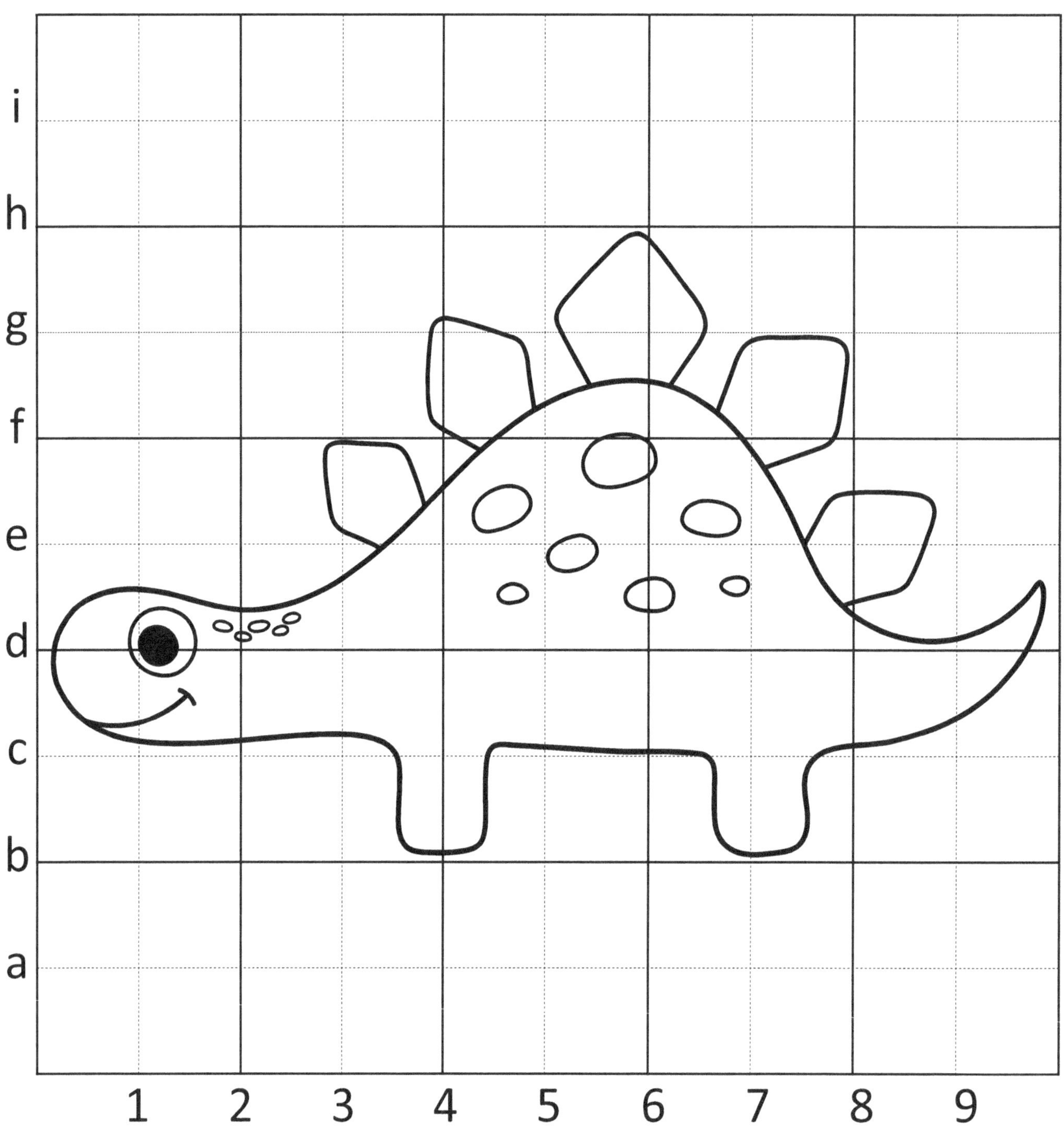

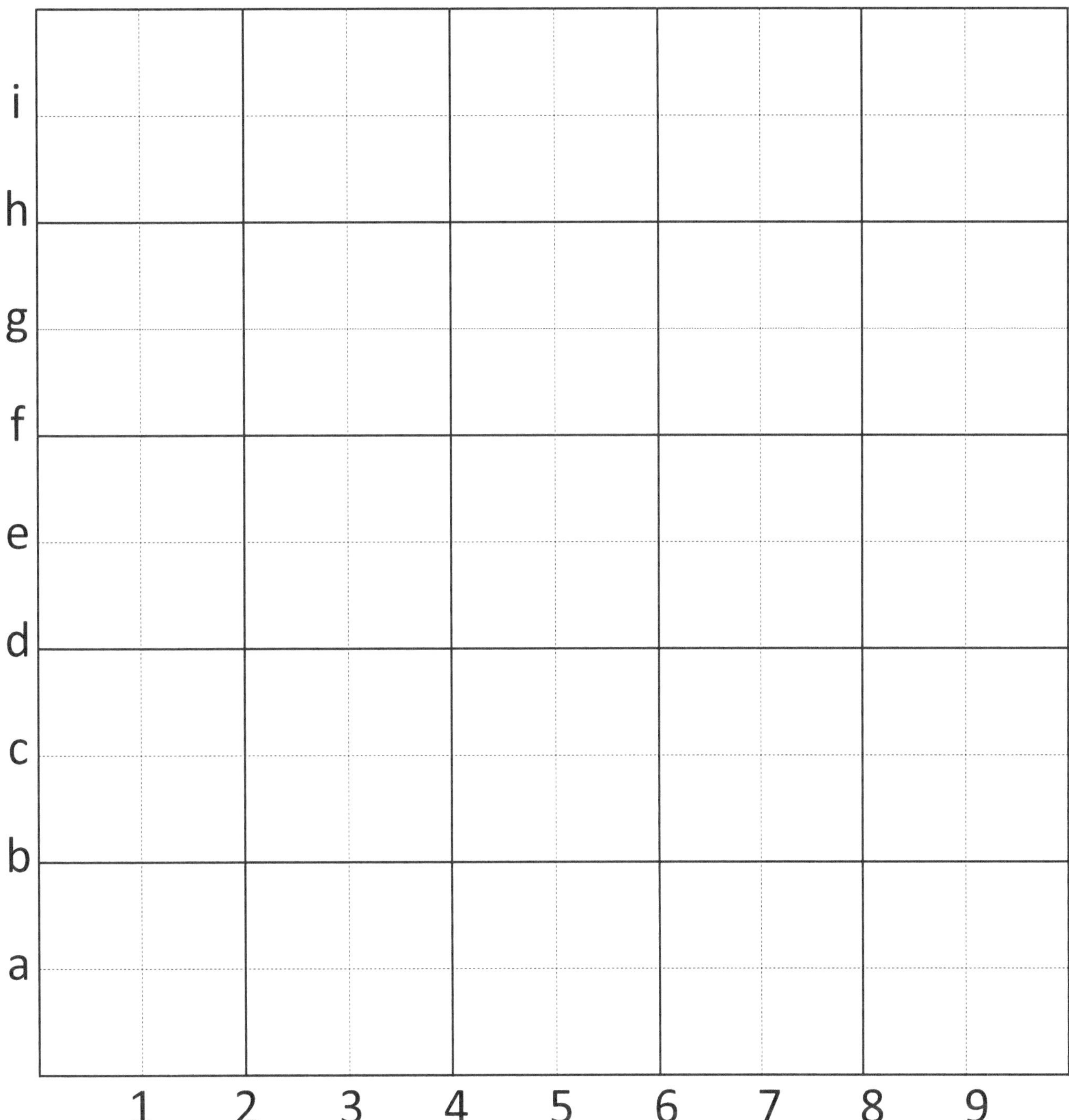
i
h
g
f
e
d
c
b
a
1
2
3
4
5
6
7
8
9

i
h
g
f
e
d
c
b
a

1 2 3 4 5 6 7 8 9

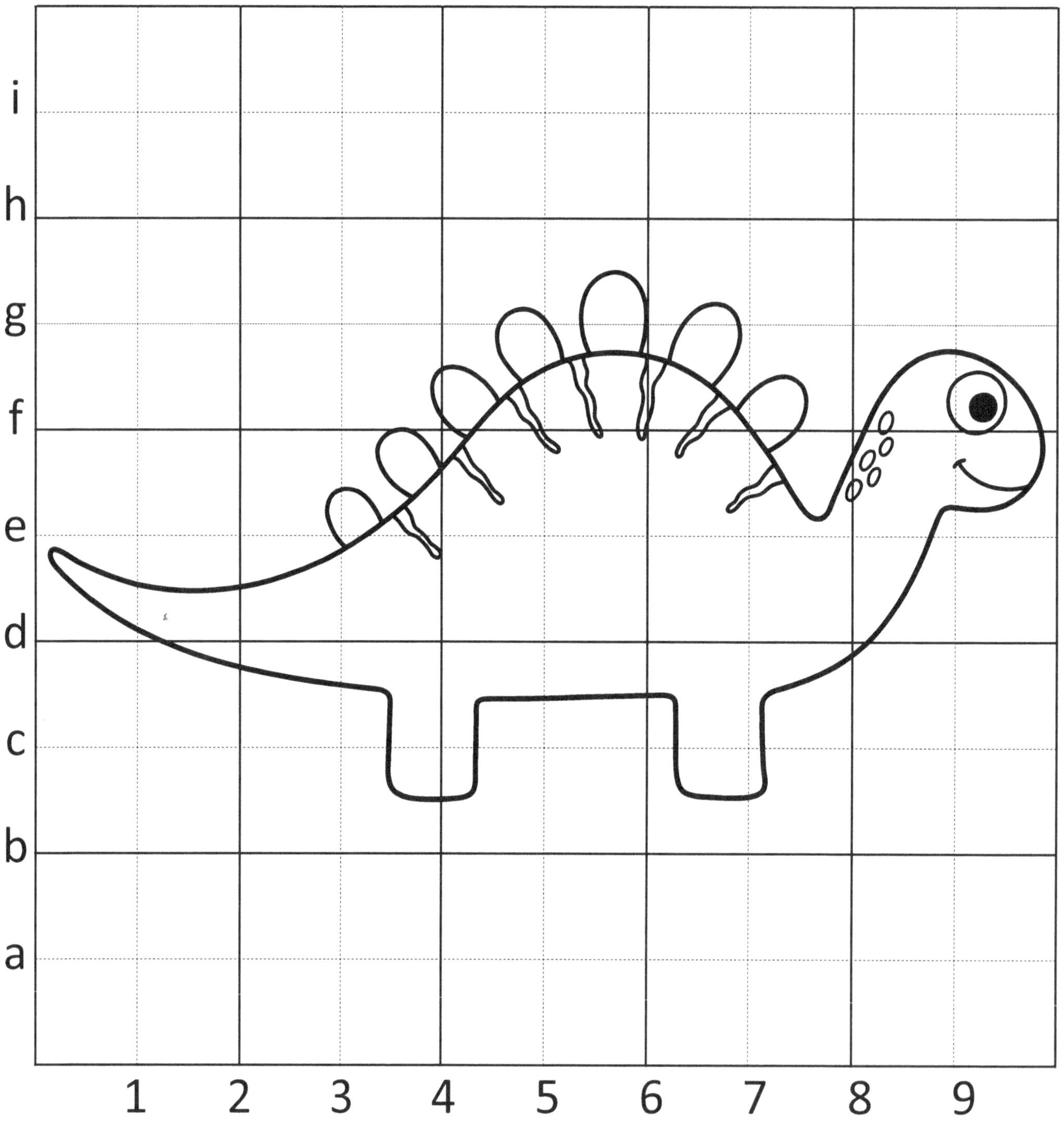

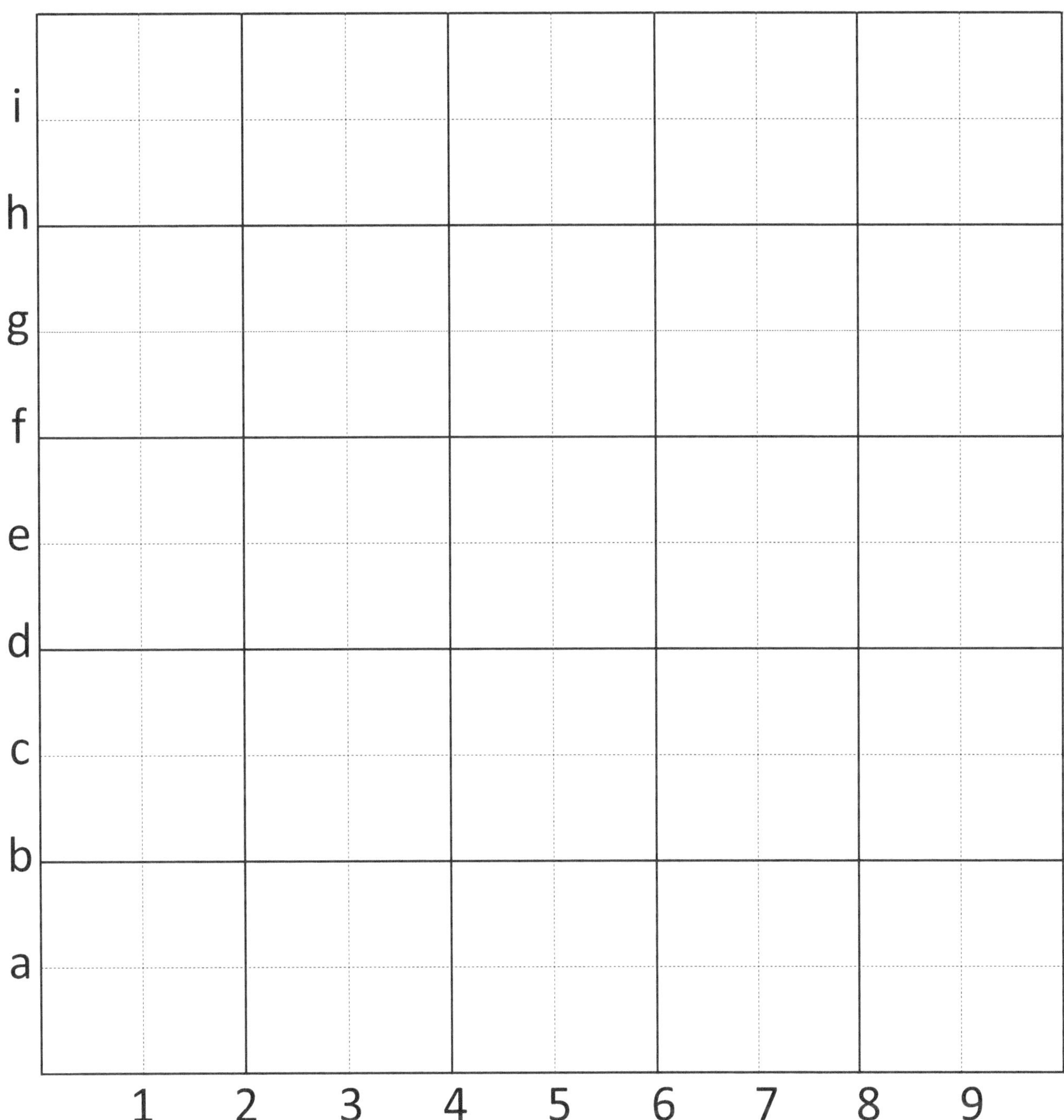
i
h
g
f
e
d
c
b
a
1
2
3
4
5
6
7
8
9

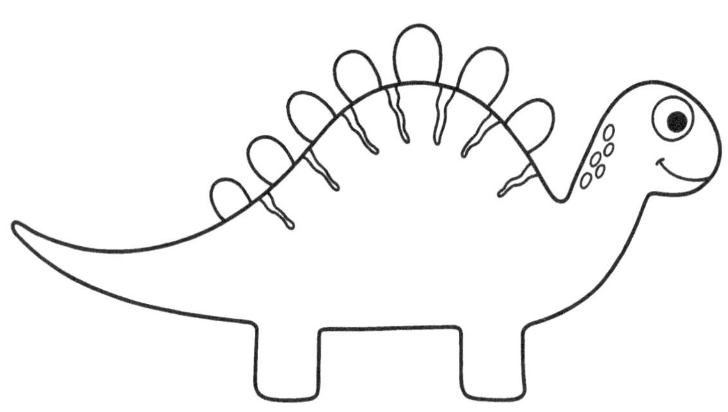

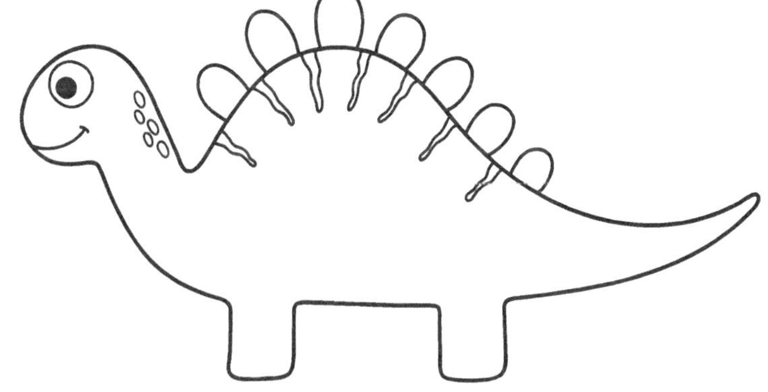

i
h
g
f
e
d
c
b
a

1 2 3 4 5 6 7 8 9

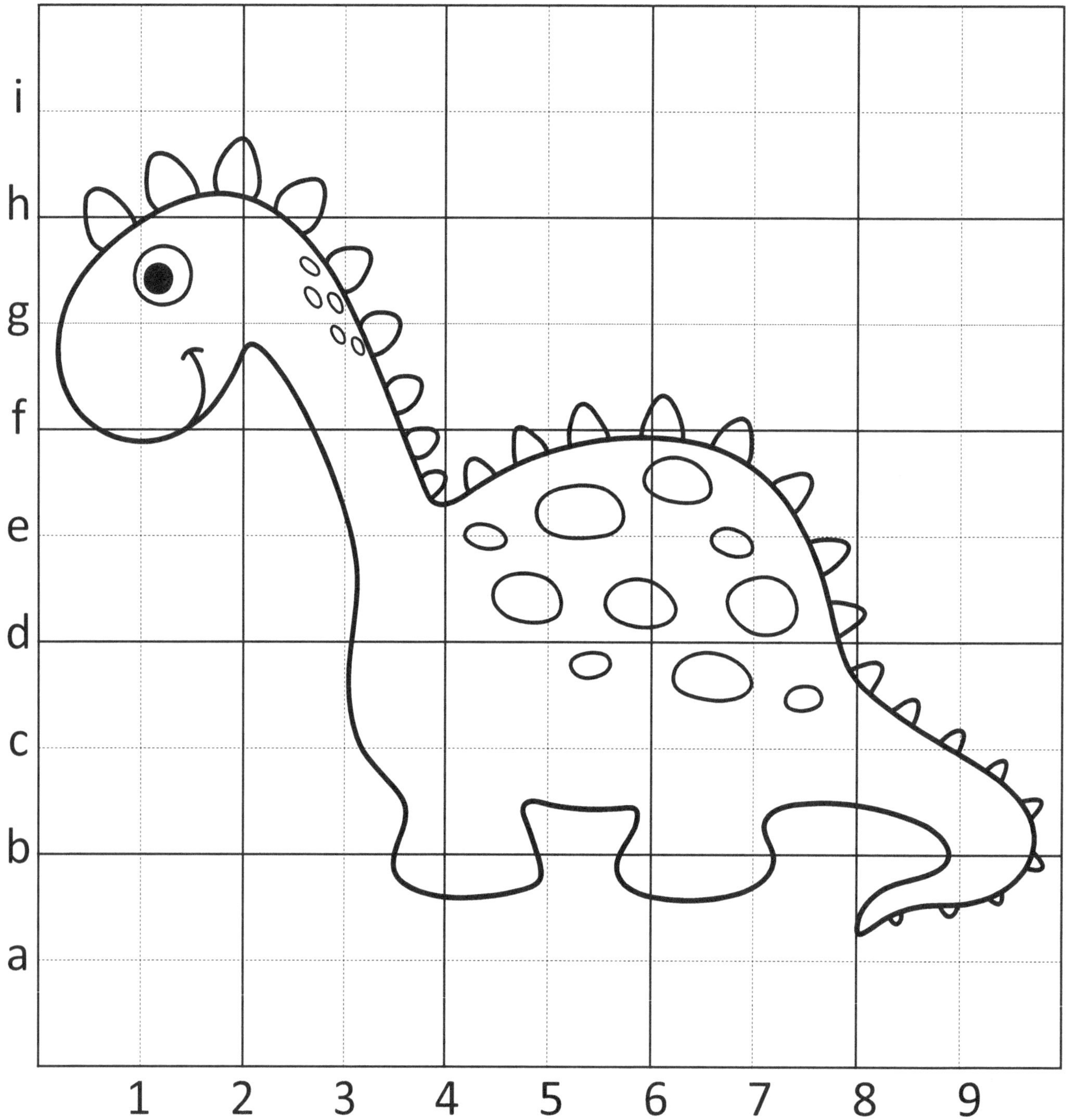

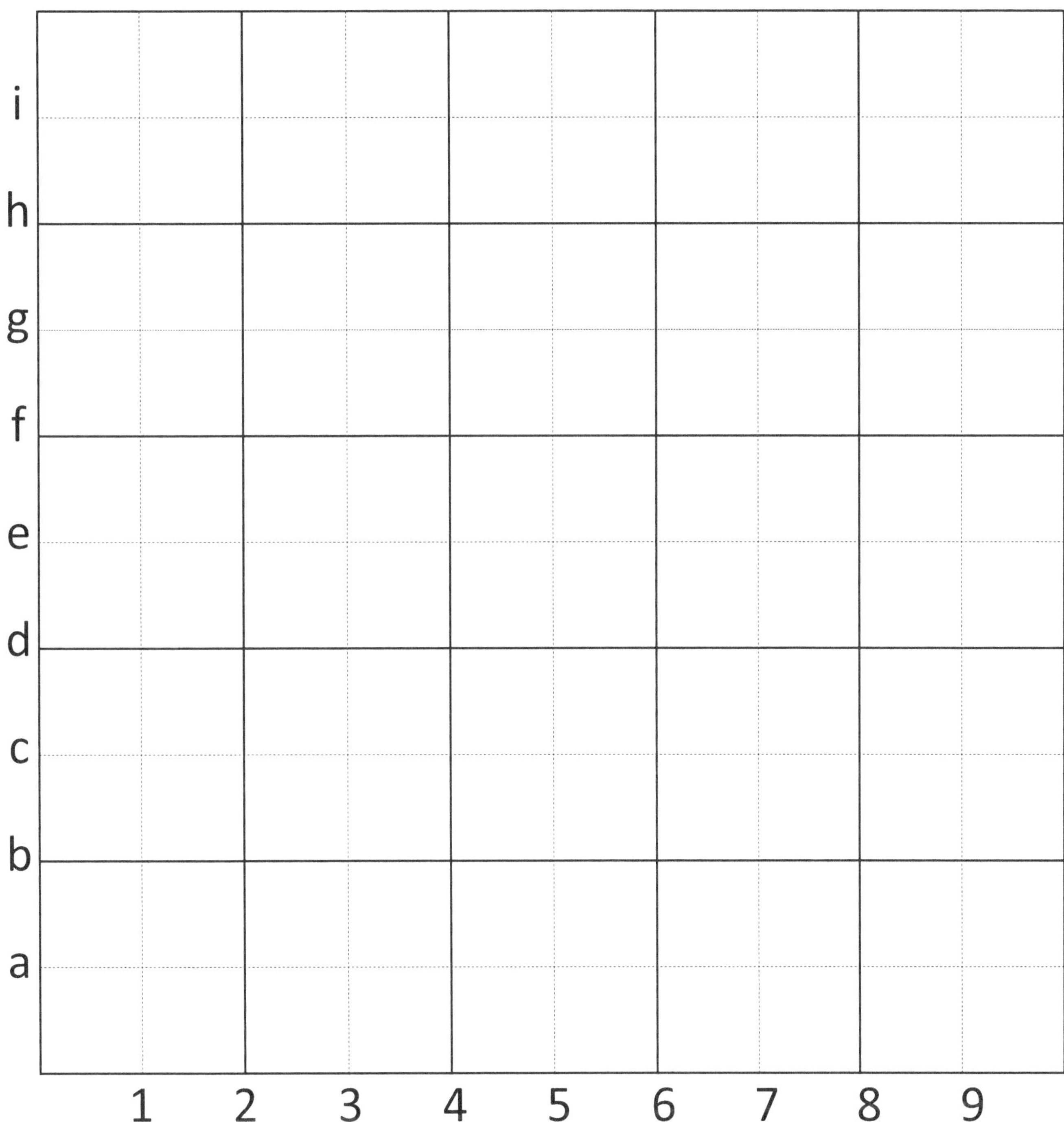
i
h
g
f
e
d
c
b
a
1
2
3
4
5
6
7
8
9

i
h
g
f
e
d
c
b
a

1 2 3 4 5 6 7 8 9

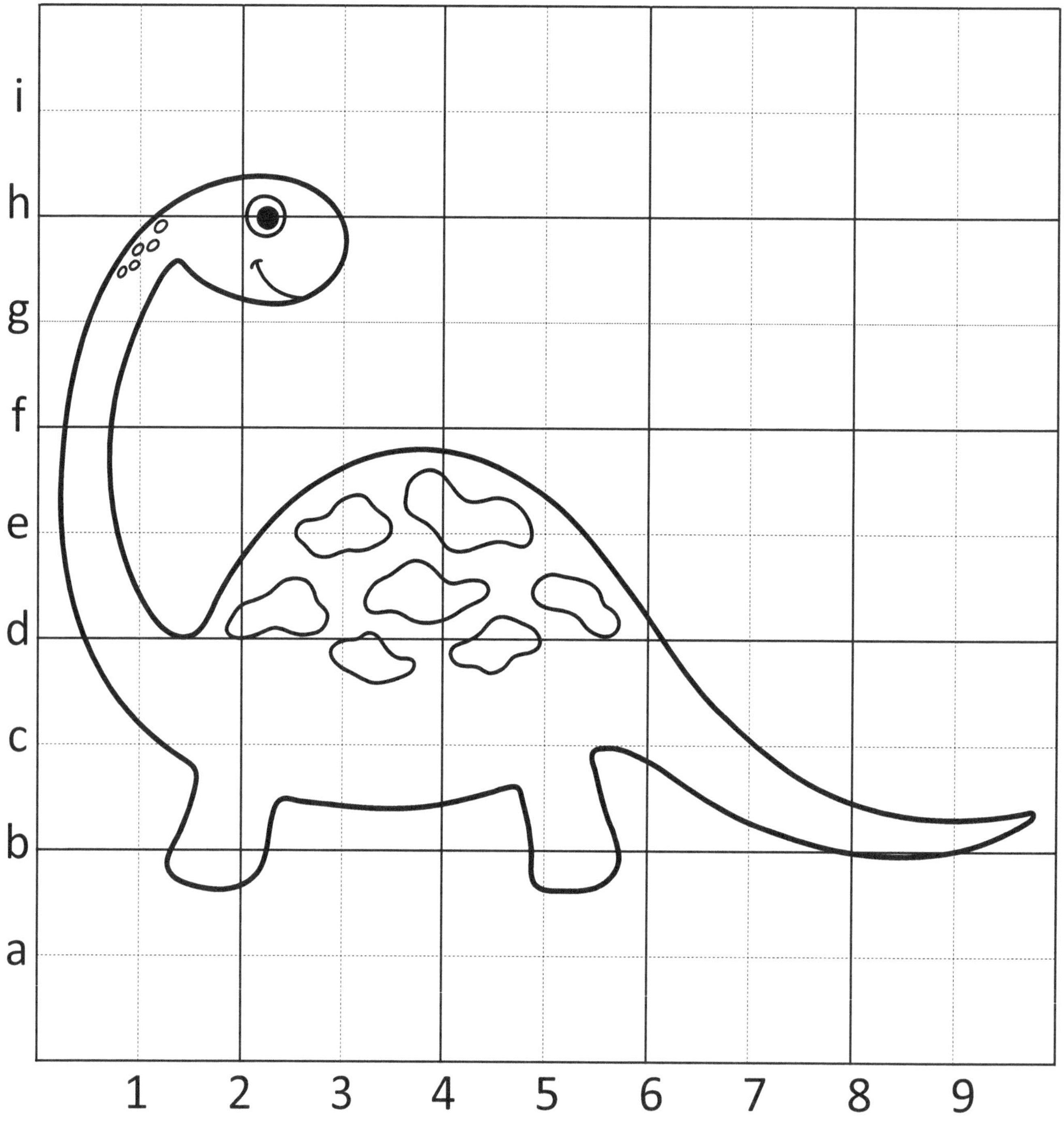

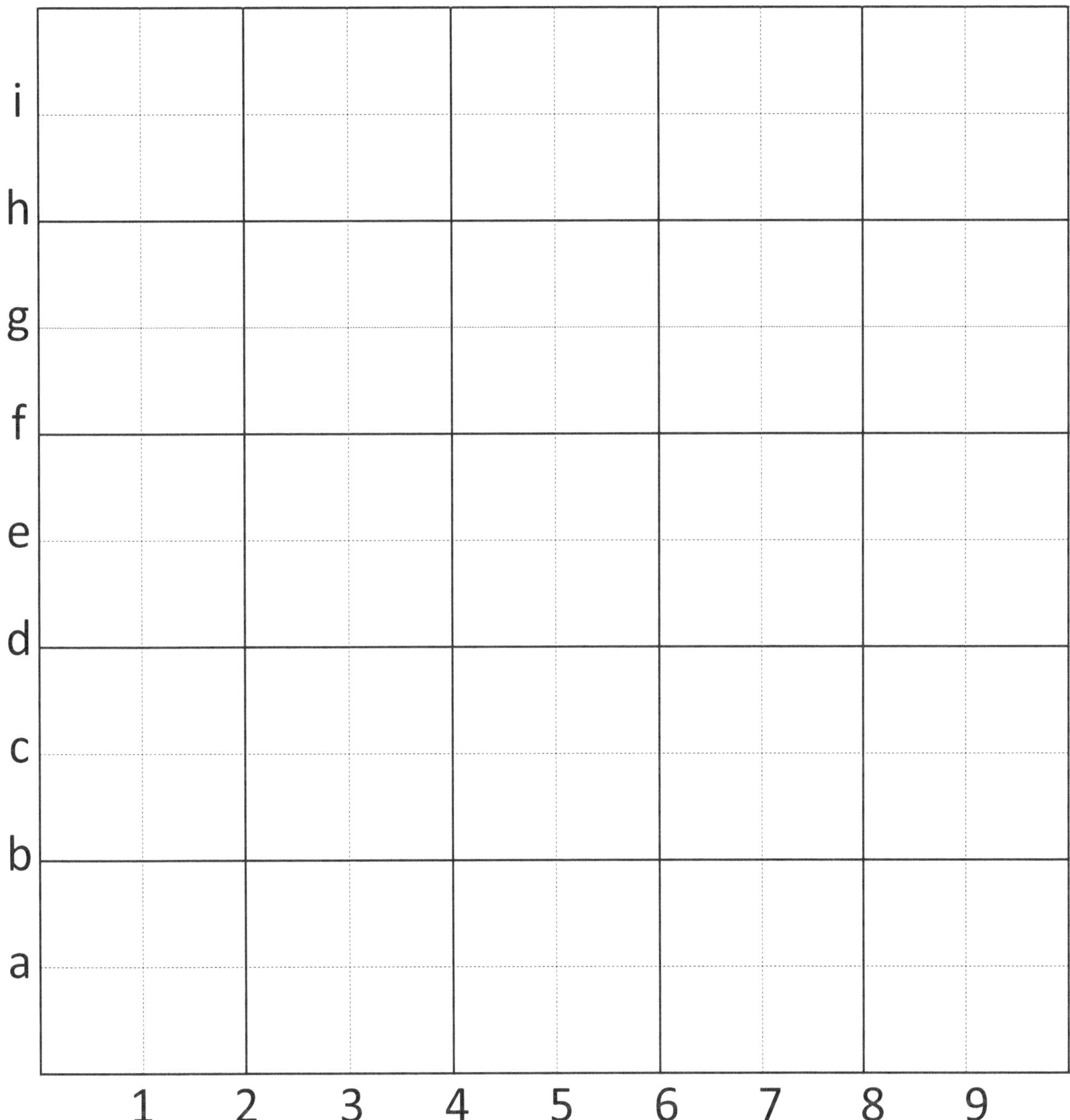
i
h
g
f
e
d
c
b
a
1
2
3
4
5
6
7
8
9

i
h
g
f
e
d
c
b
a

1 2 3 4 5 6 7 8 9

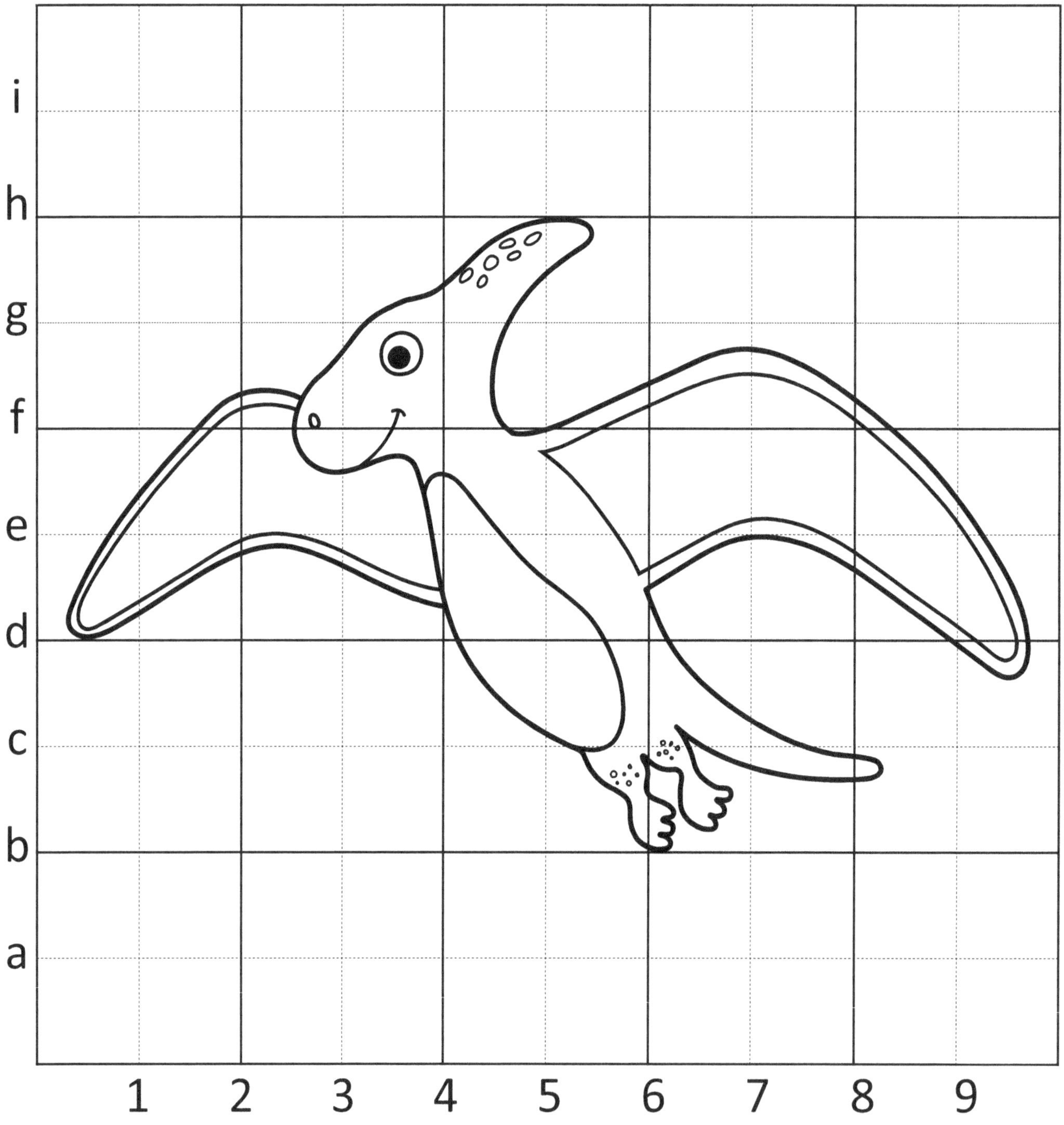

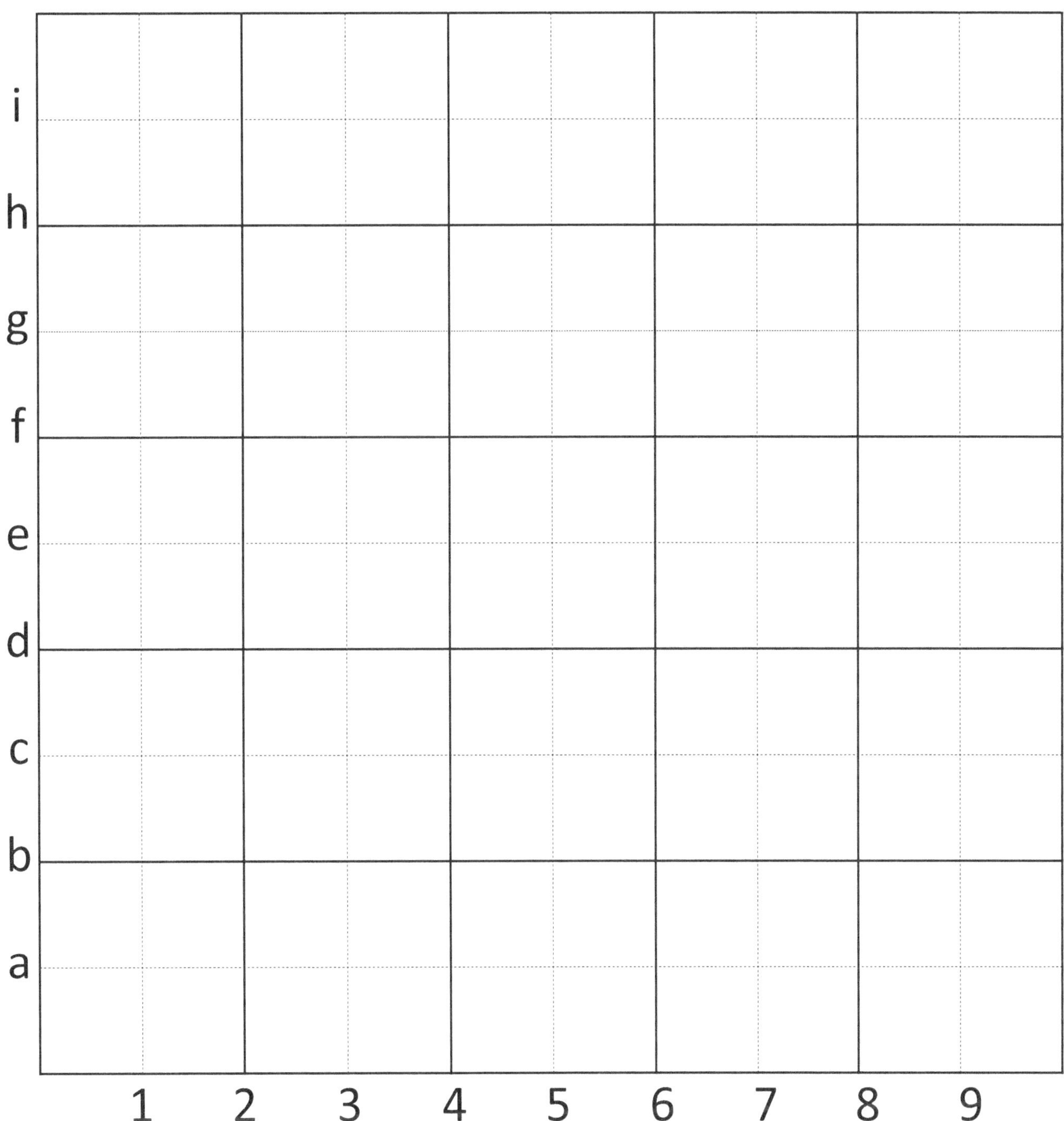

i
h
g
f
e
d
c
b
a
1
2
3
4
5
6
7
8
9

12

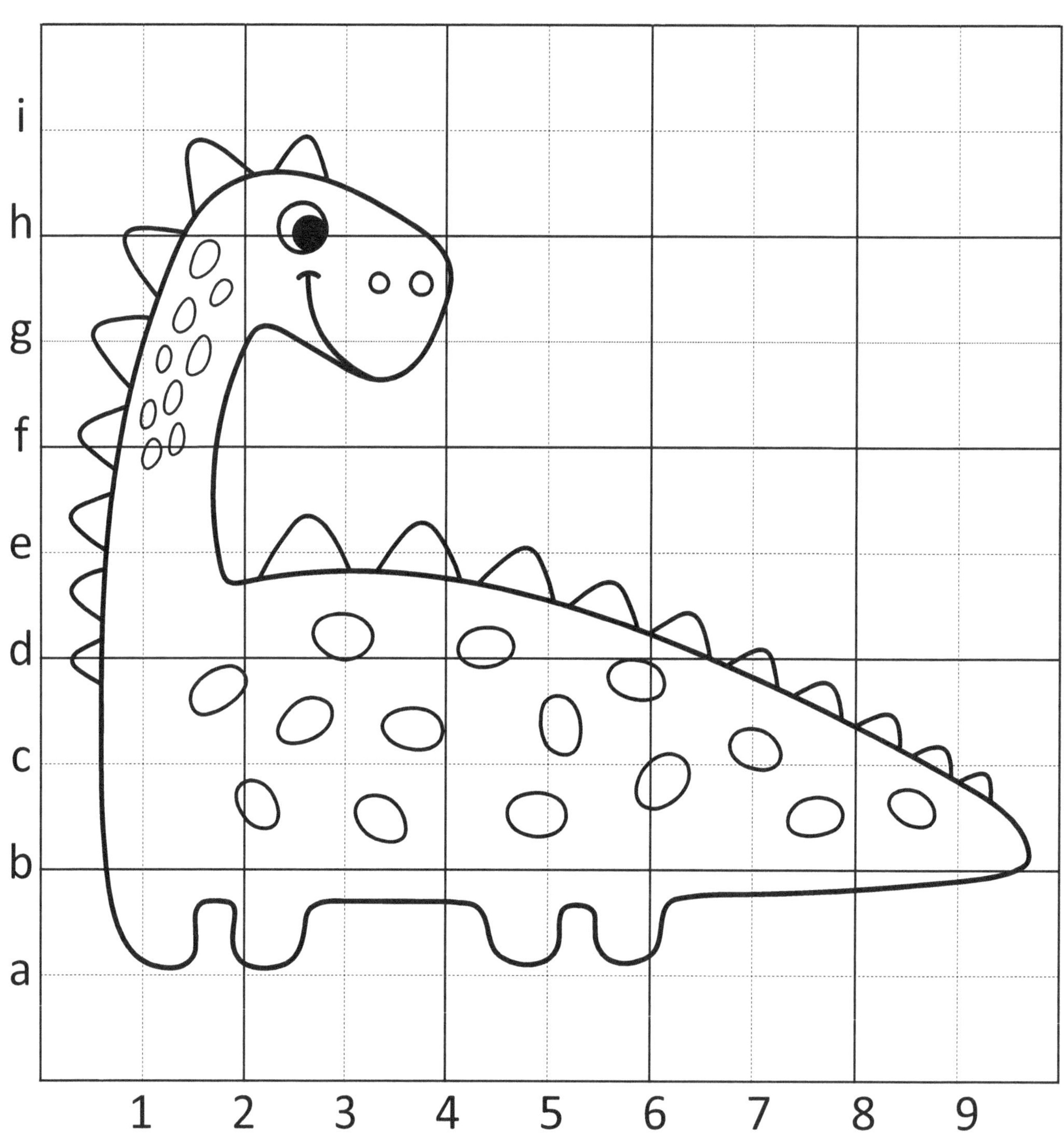

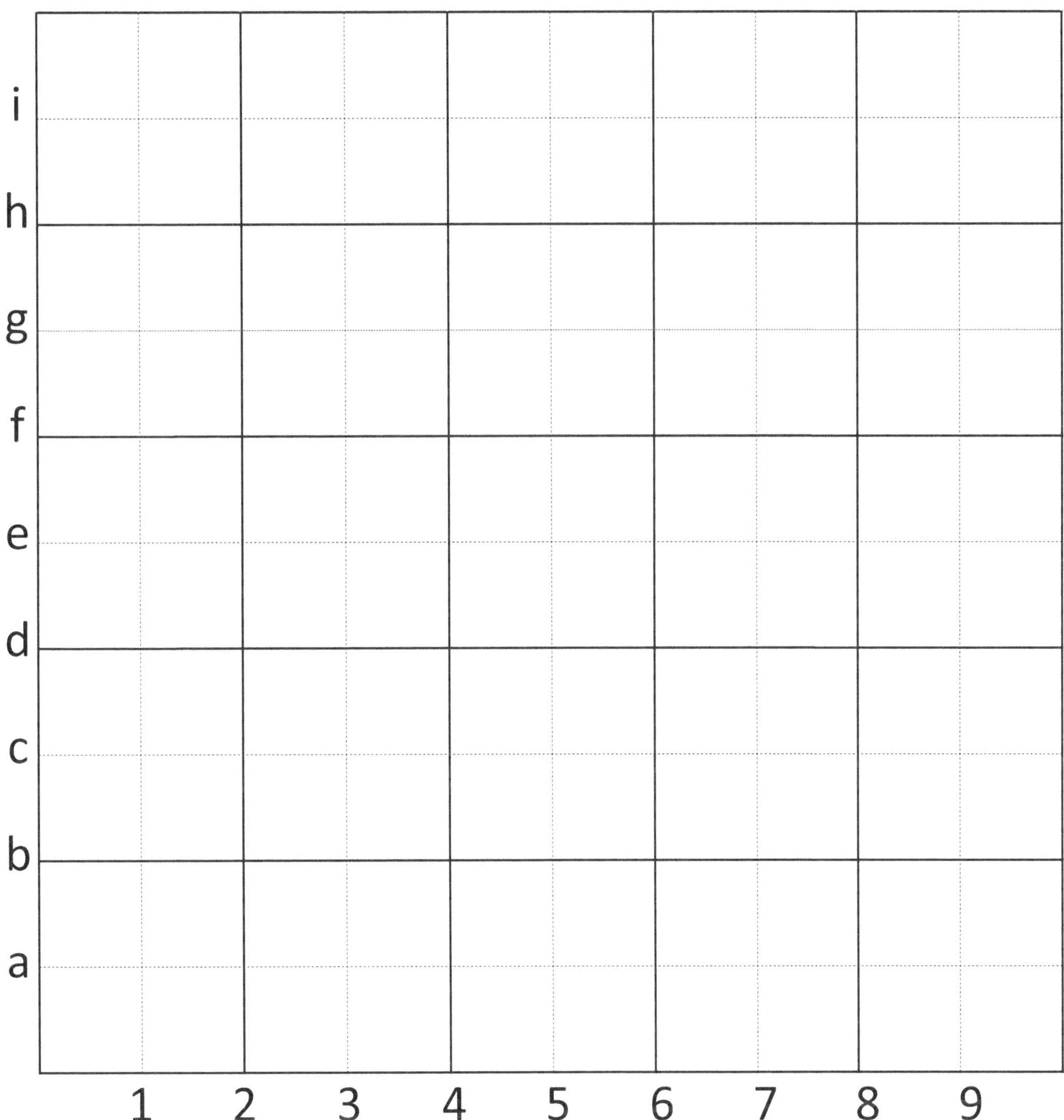
i
h
g
f
e
d
c
b
a
1
2
3
4
5
6
7
8
9

13

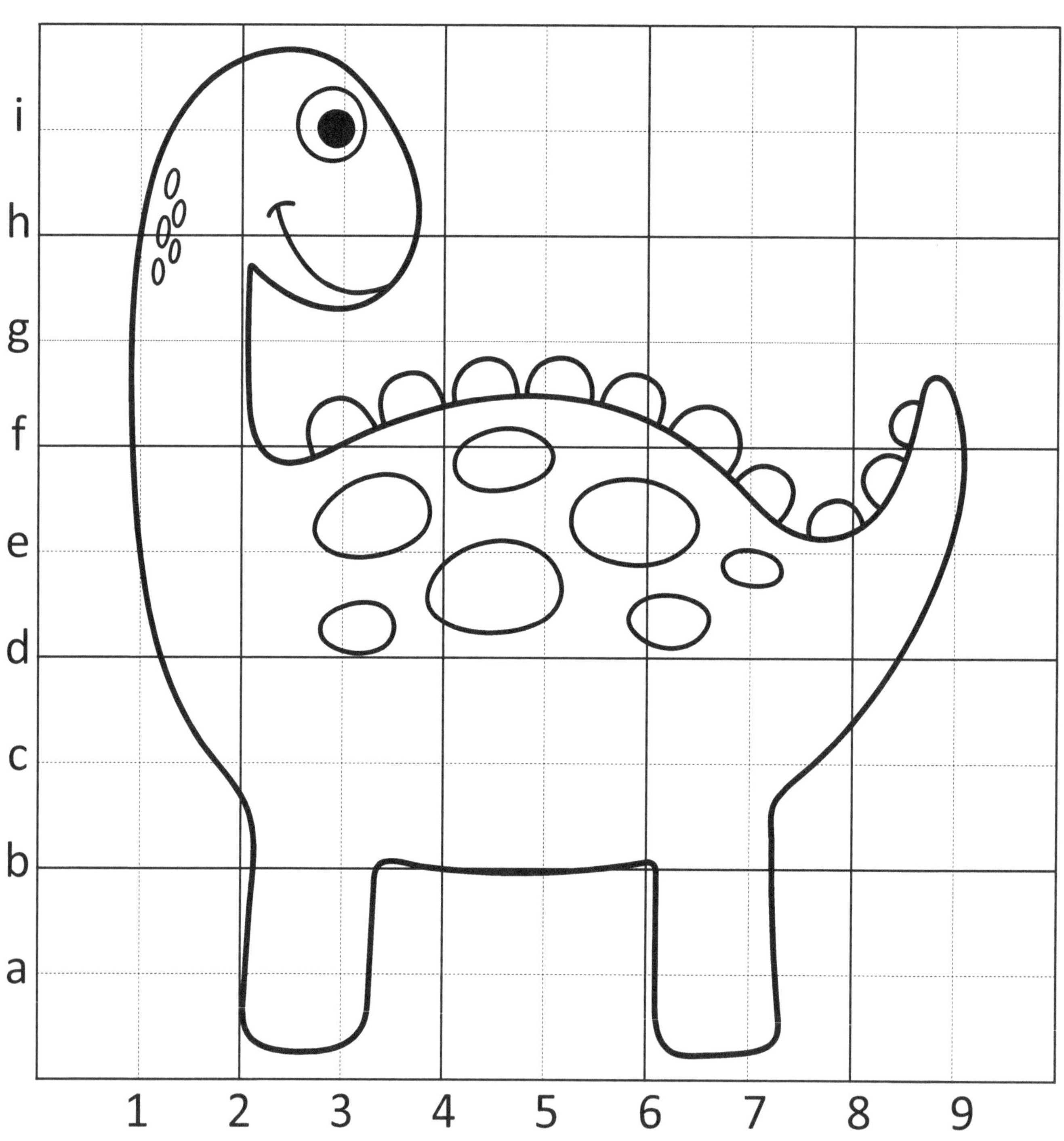

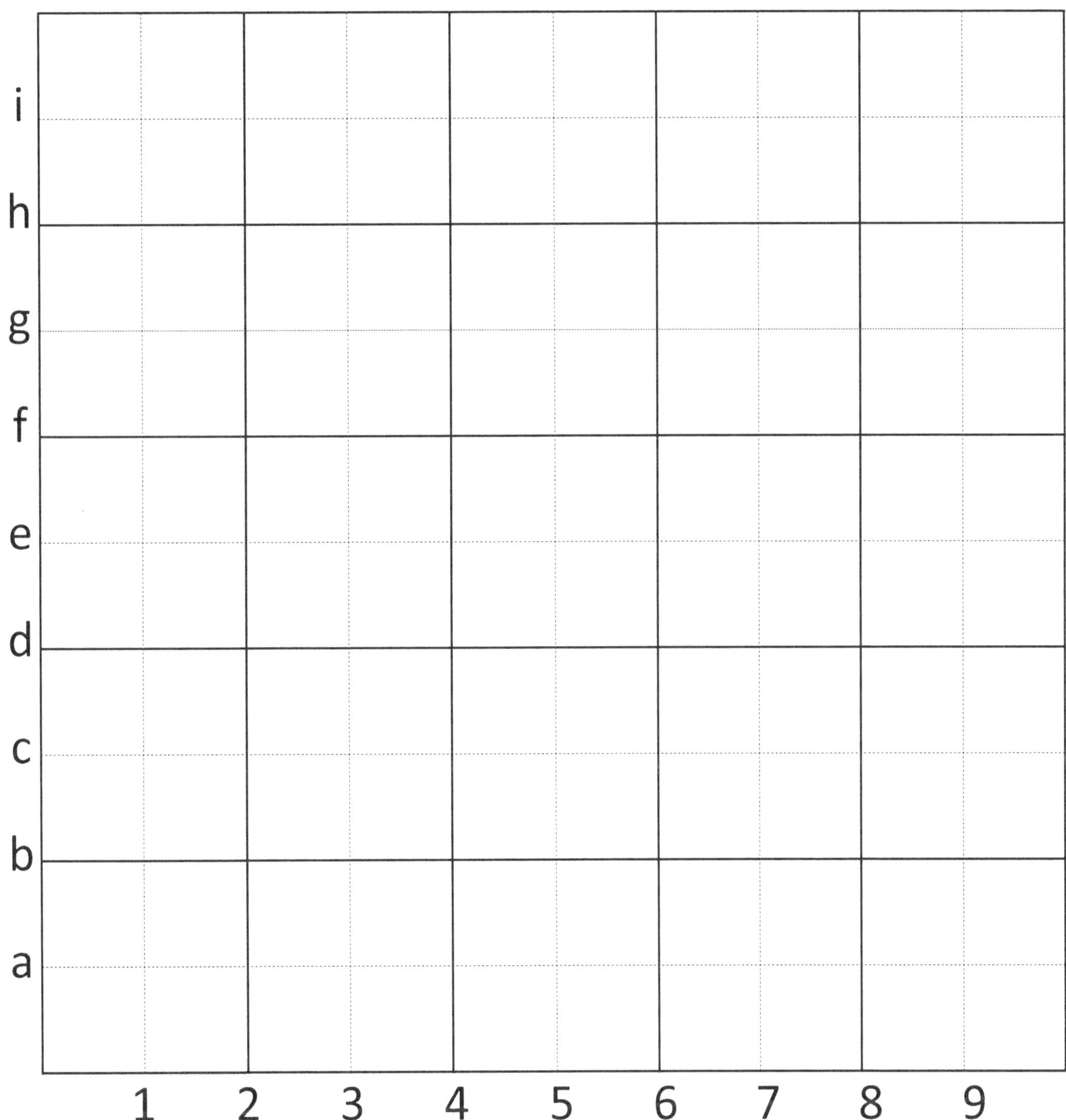
i
h
g
f
e
d
c
b
a
1
2
3
4
5
6
7
8
9

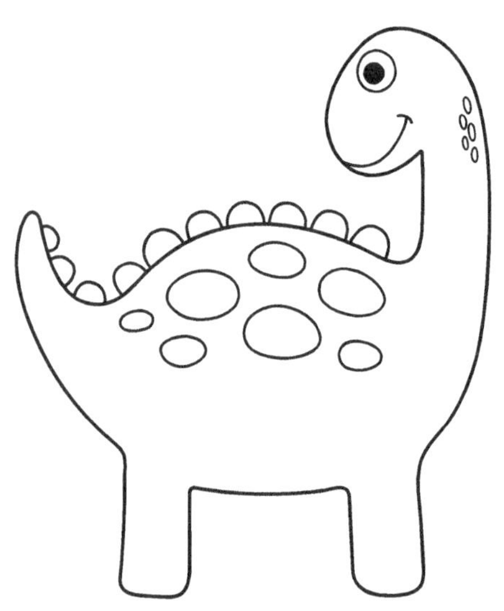

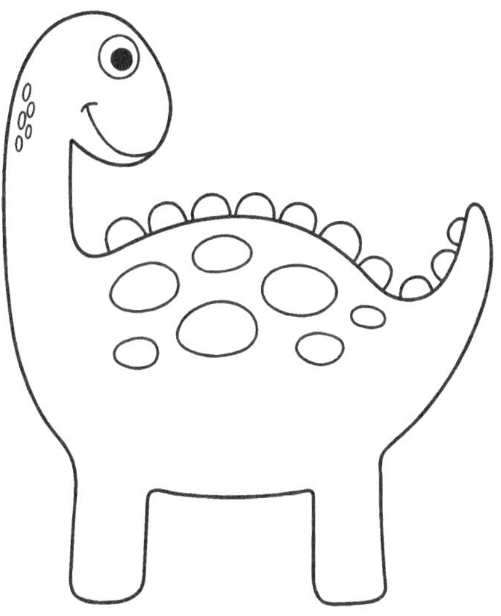

i
h
g
f
e
d
c
b
a

1 2 3 4 5 6 7 8 9

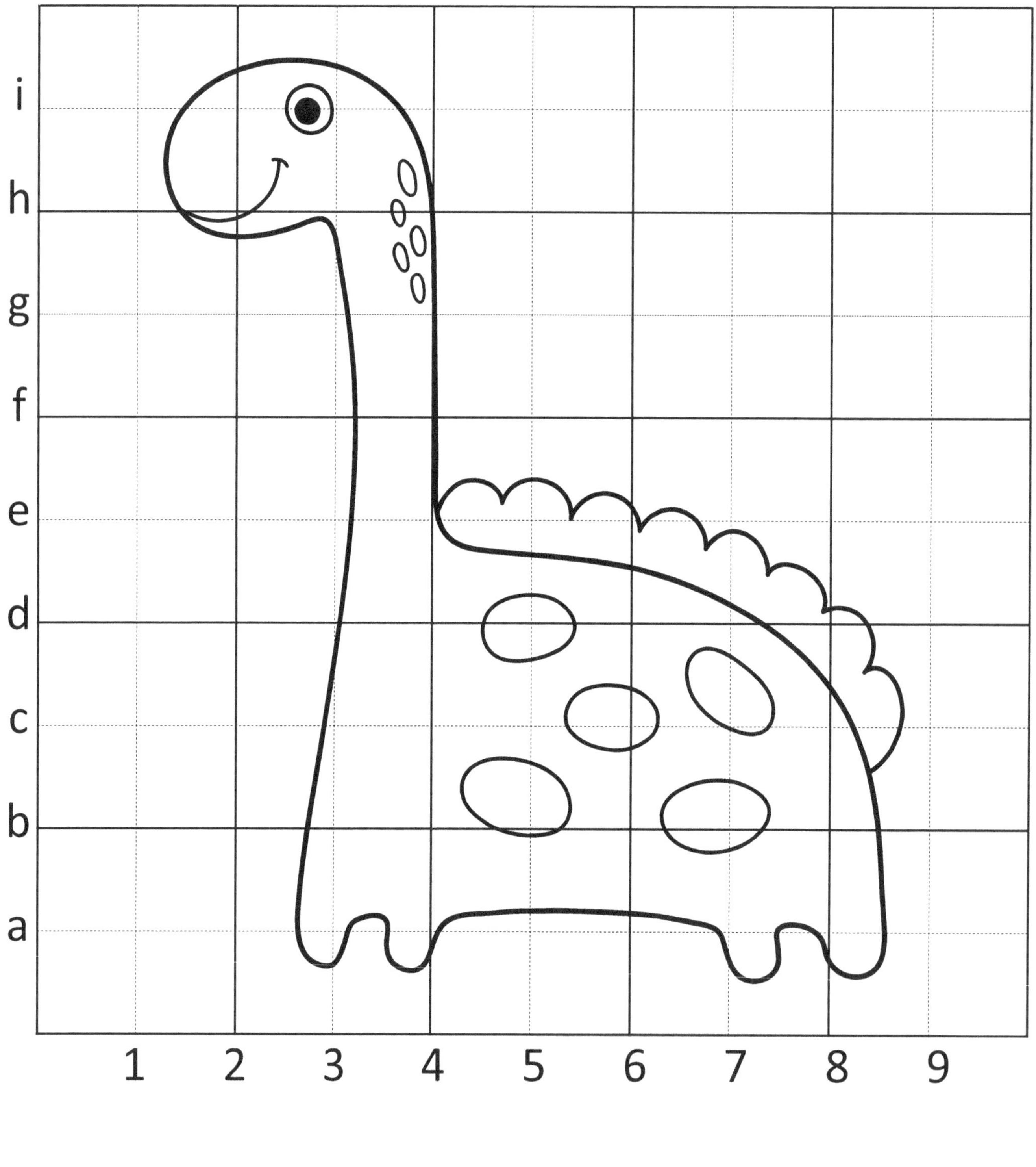

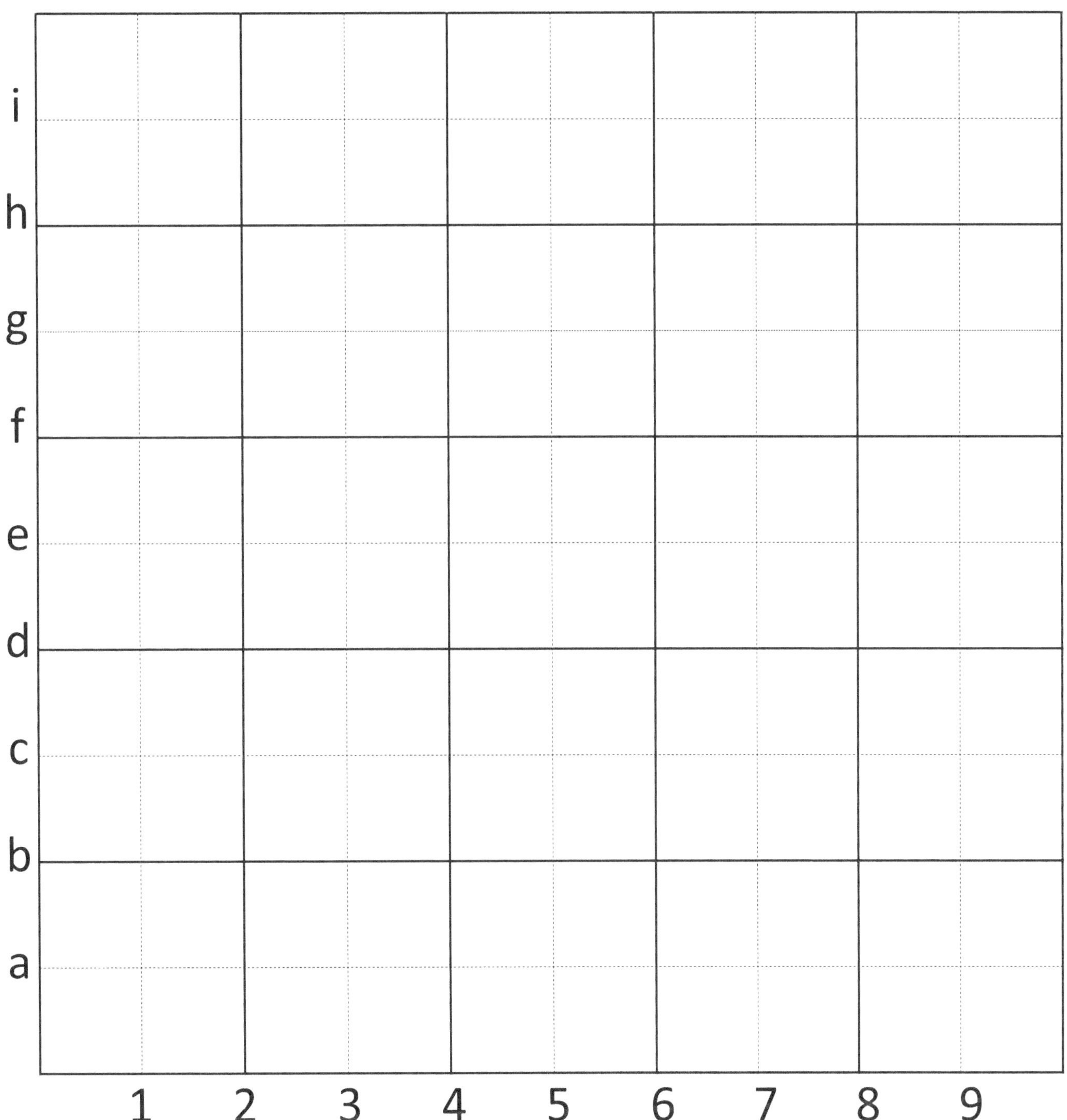

i
h
g
f
e
d
c
b
a
1
2
3
4
5
6
7
8
9

i
h
g
f
e
d
c
b
a

1 2 3 4 5 6 7 8 9

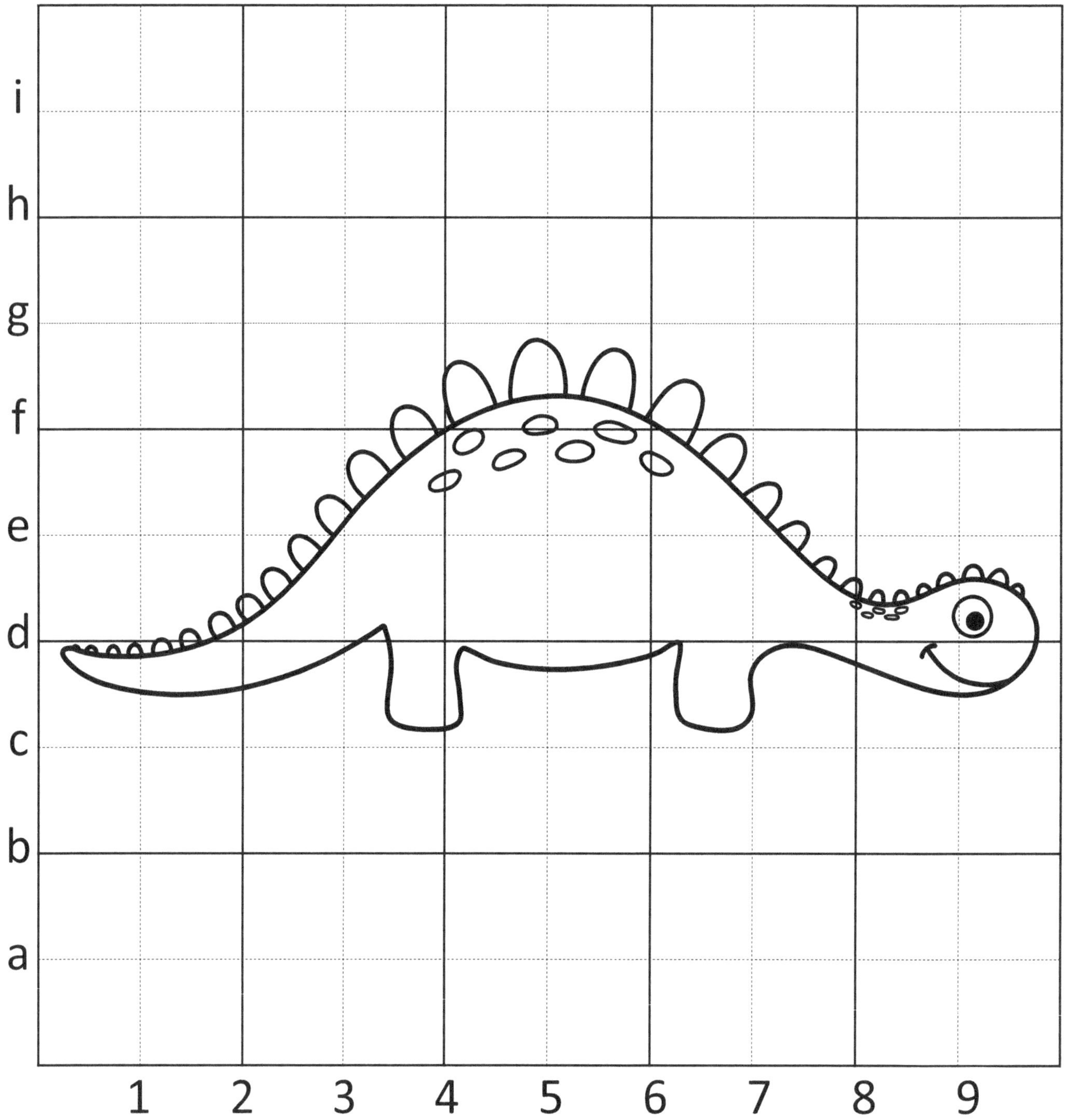

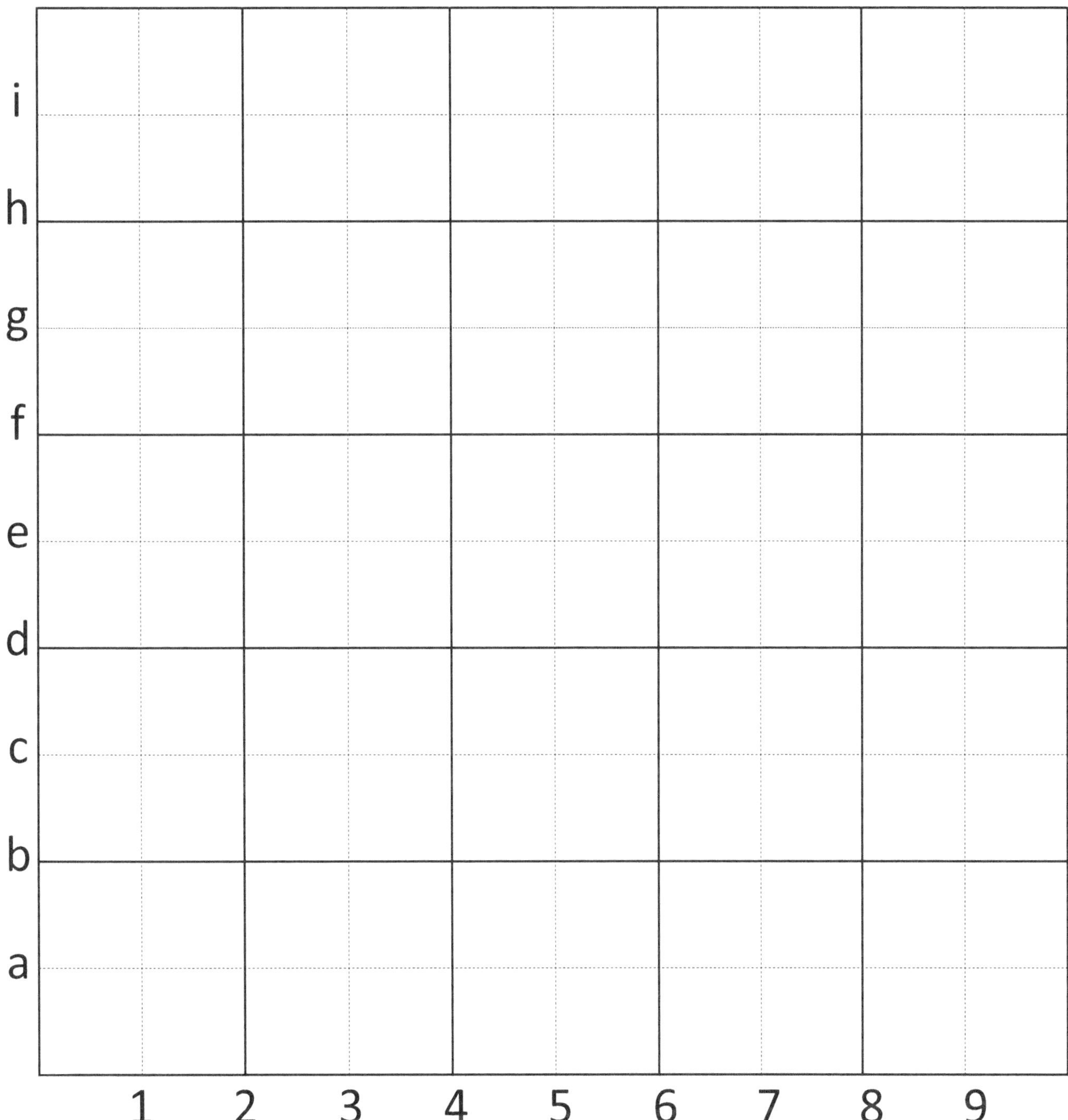
i
h
g
f
e
d
c
b
a
1 2 3 4 5 6 7 8 9

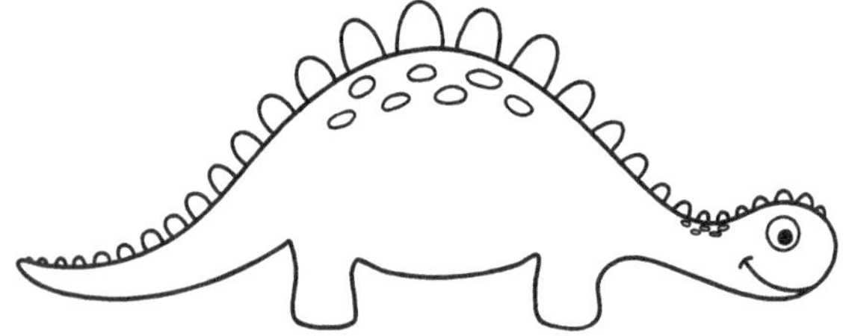

i
h
g
f
e
d
c
b
a

1 2 3 4 5 6 7 8 9

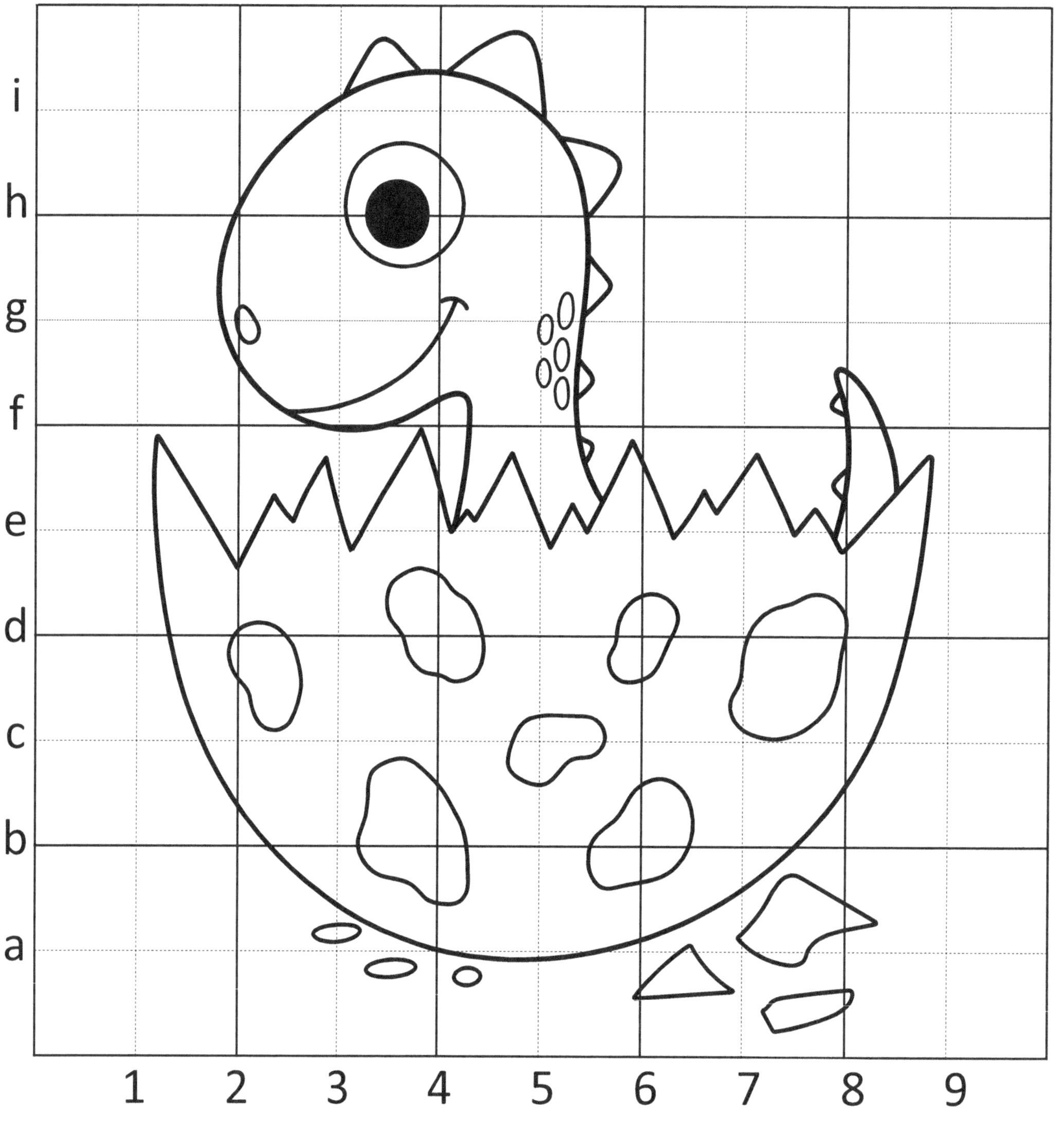

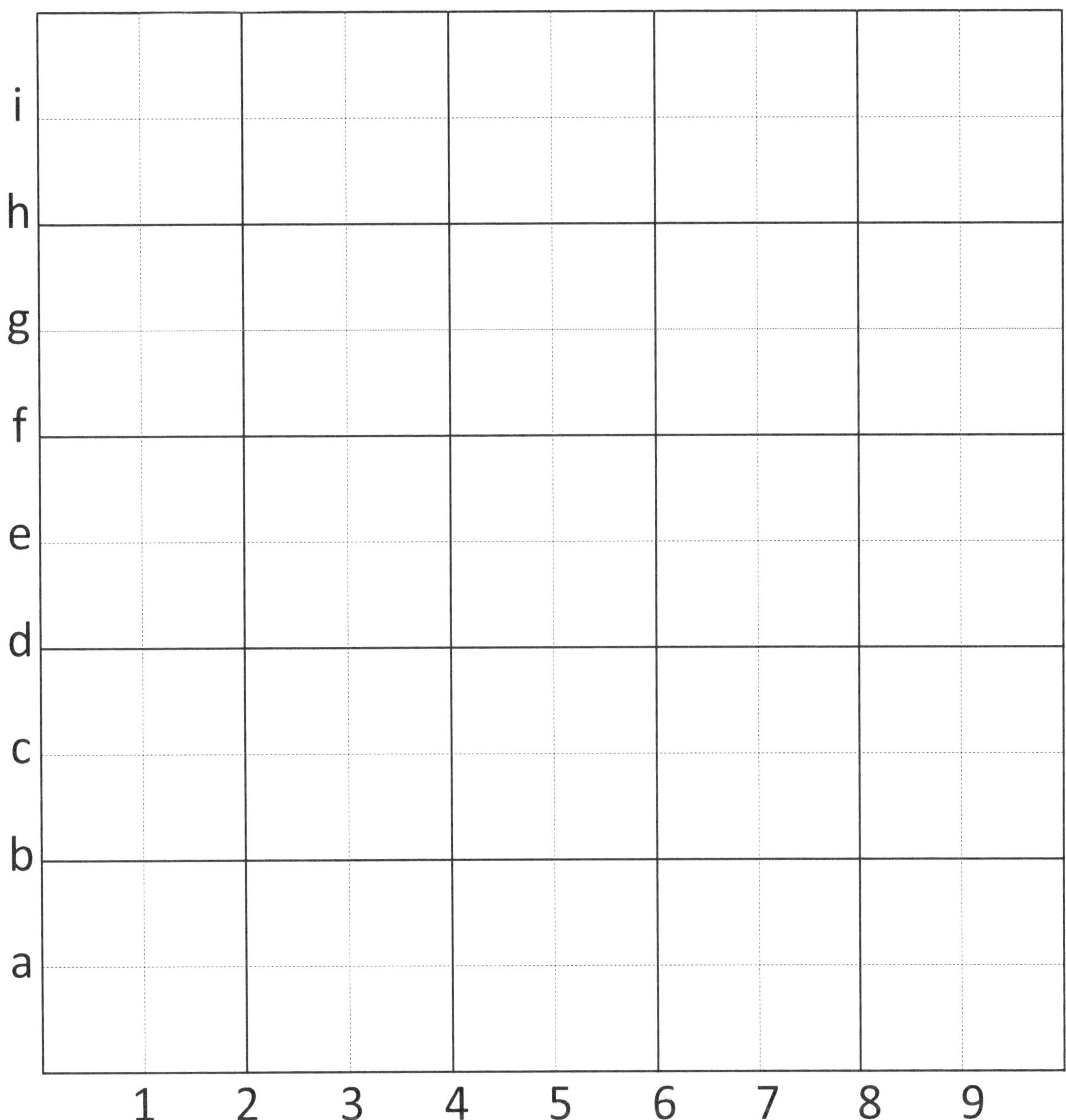
i
h
g
f
e
d
c
b
a
1
2
3
4
5
6
7
8
9

i
h
g
f
e
d
c
b
a

1 2 3 4 5 6 7 8 9

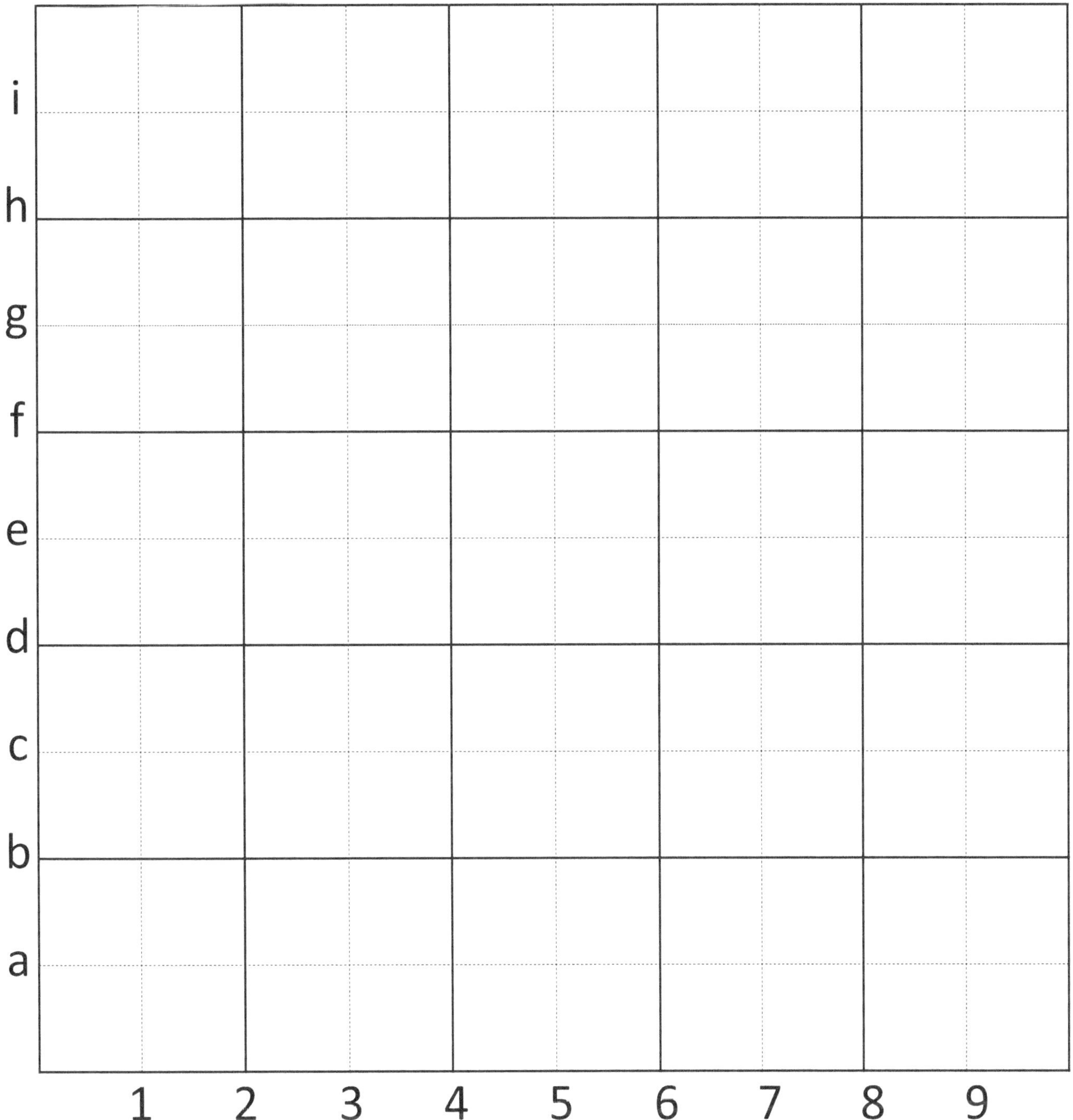

i
h
g
f
e
d
c
b
a
1
2
3
4
5
6
7
8
9

i
h
g
f
e
d
c
b
a

1 2 3 4 5 6 7 8 9

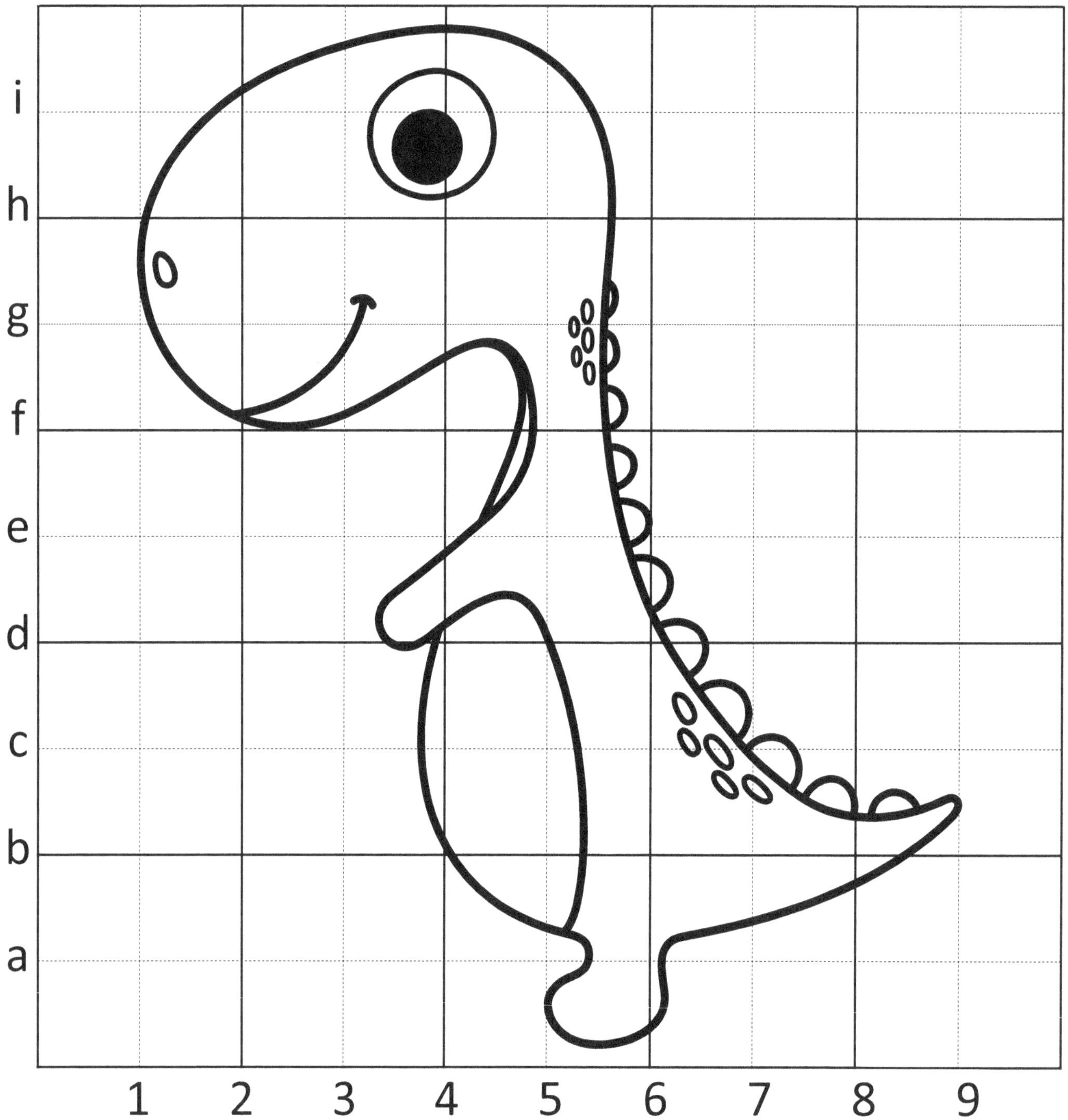

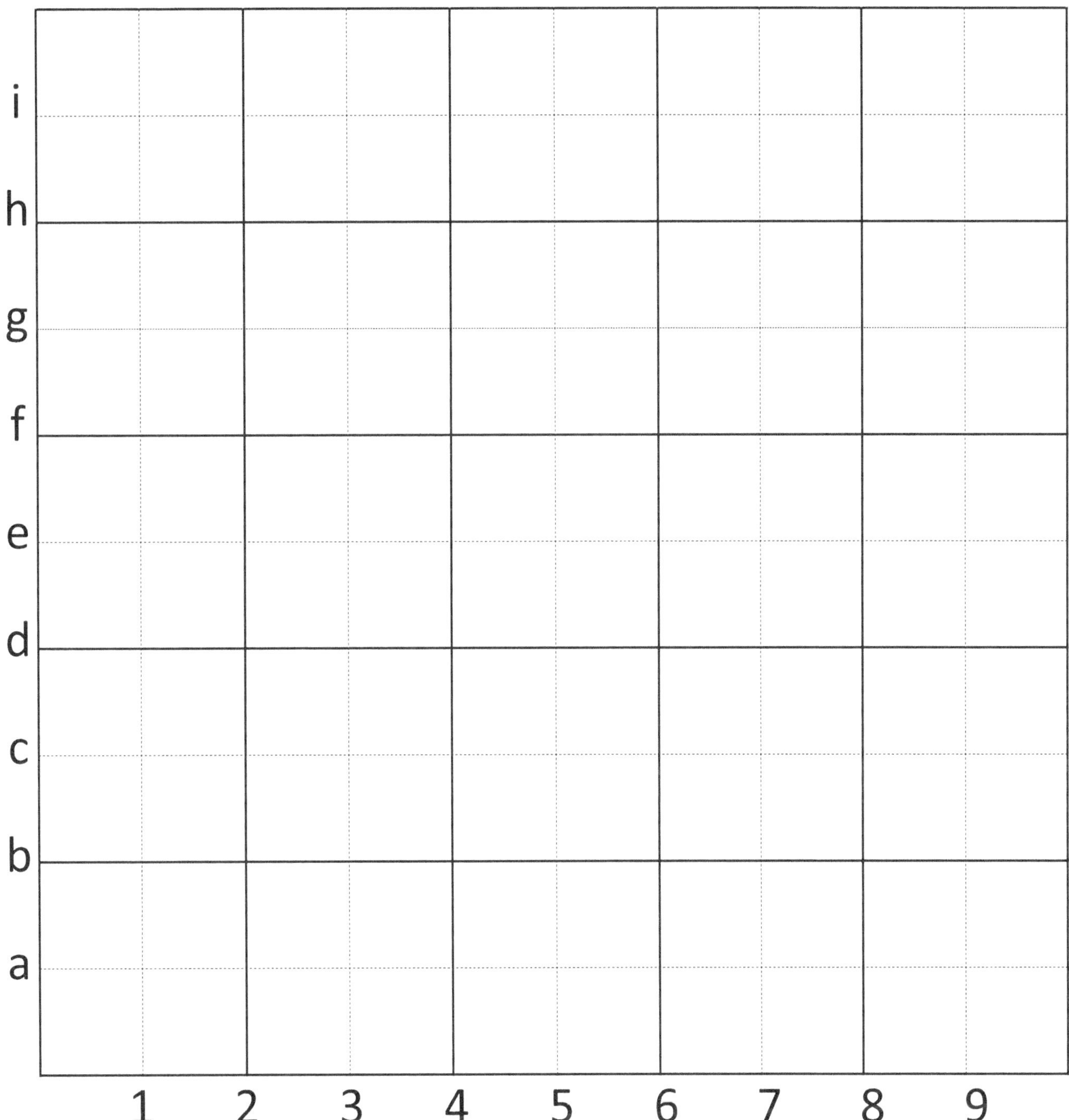
i
h
g
f
e
d
c
b
a
1
2
3
4
5
6
7
8
9

i

h

g

f

e

d

c

b

a

1 2 3 4 5 6 7 8 9

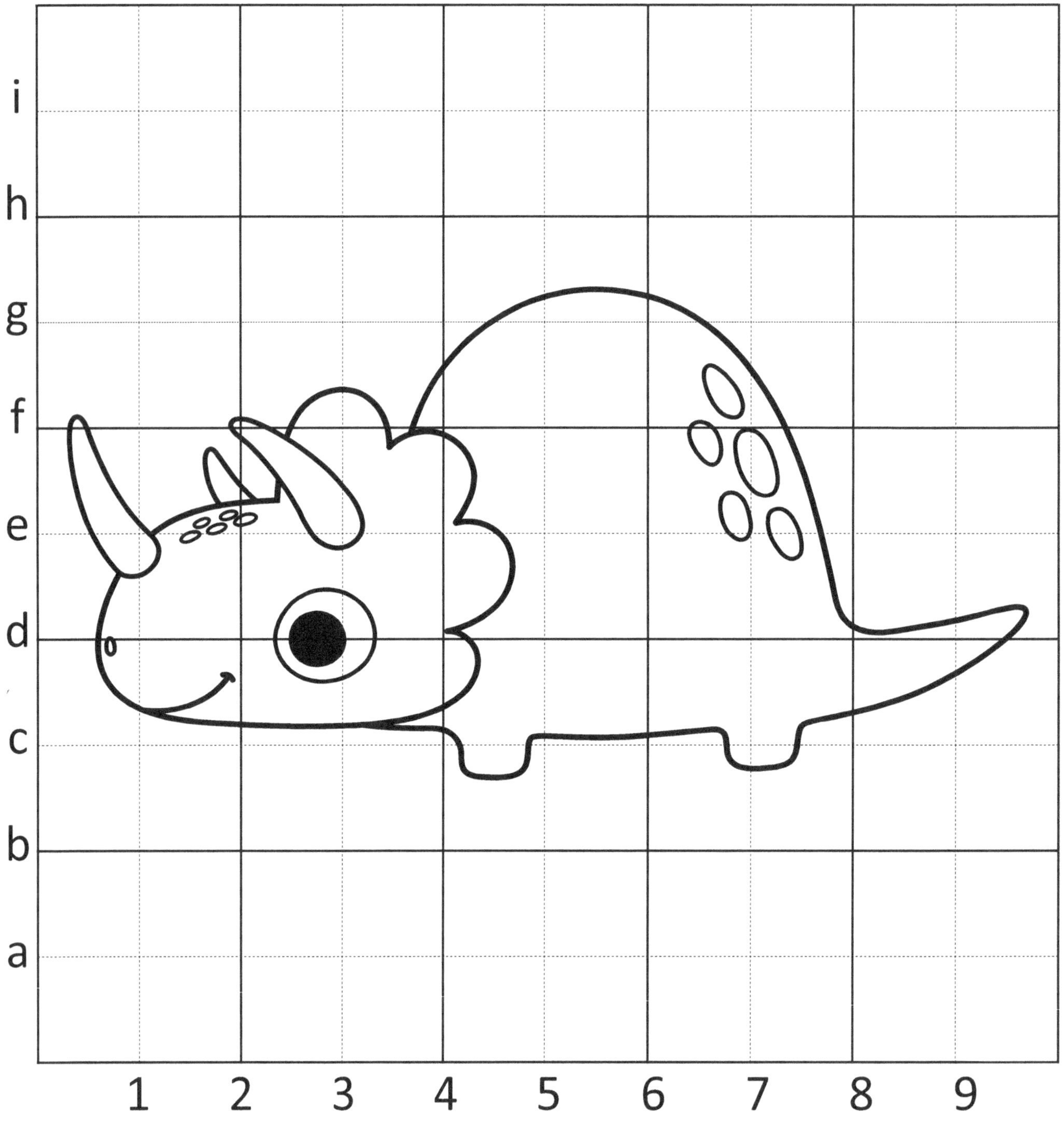

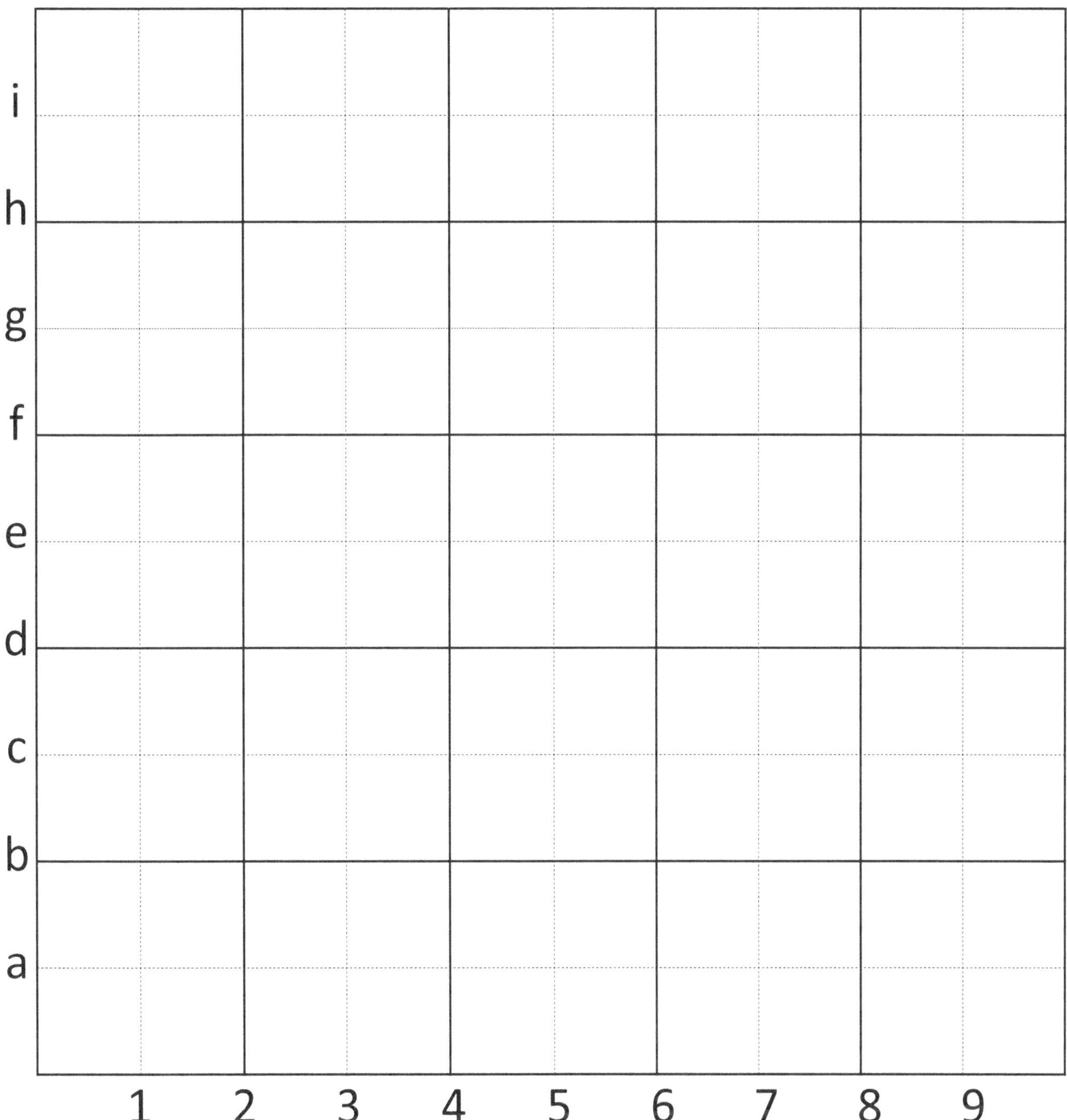
i
h
g
f
e
d
c
b
a
1 2 3 4 5 6 7 8 9

i
h
g
f
e
d
c
b
a

1 2 3 4 5 6 7 8 9

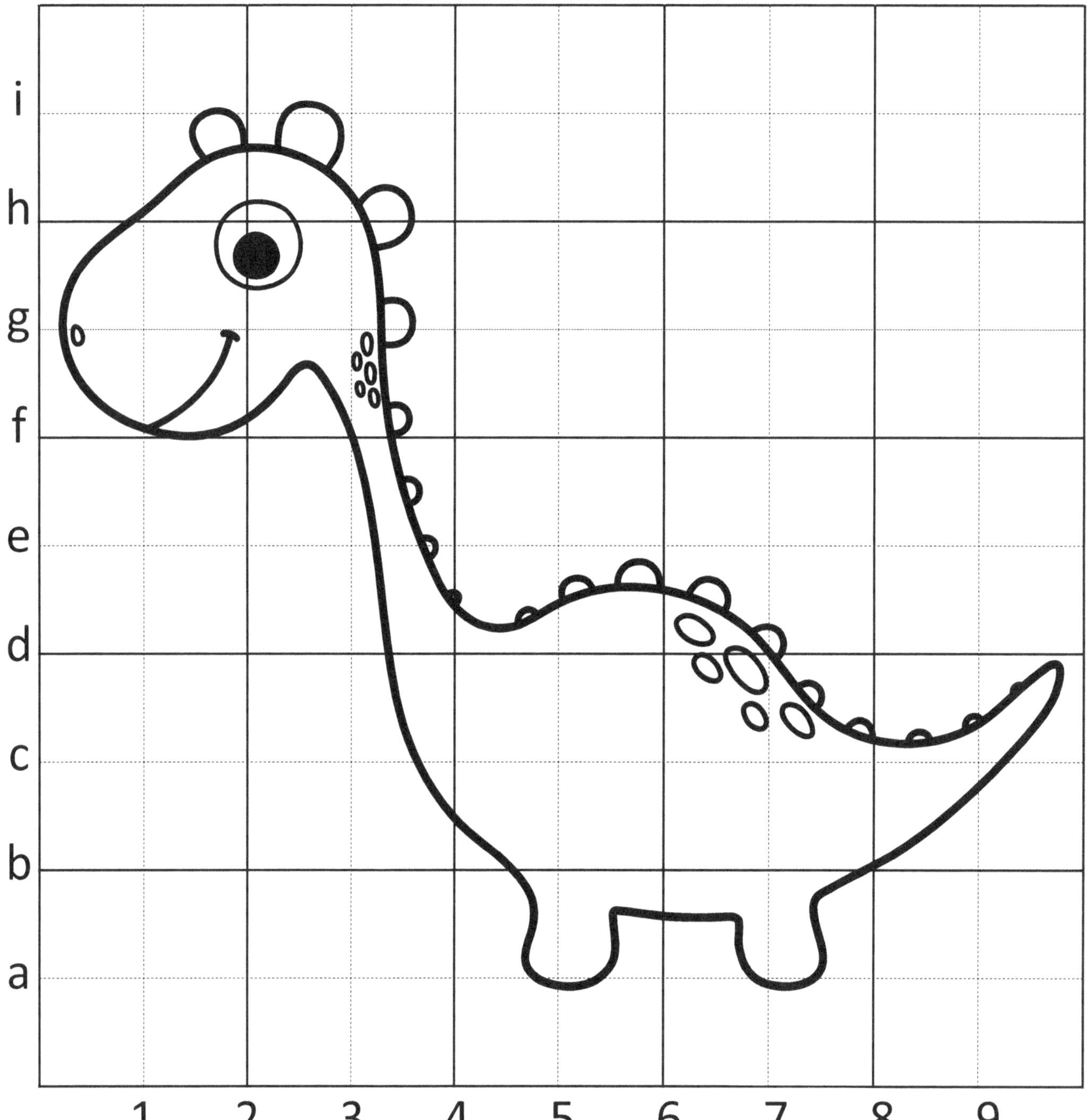

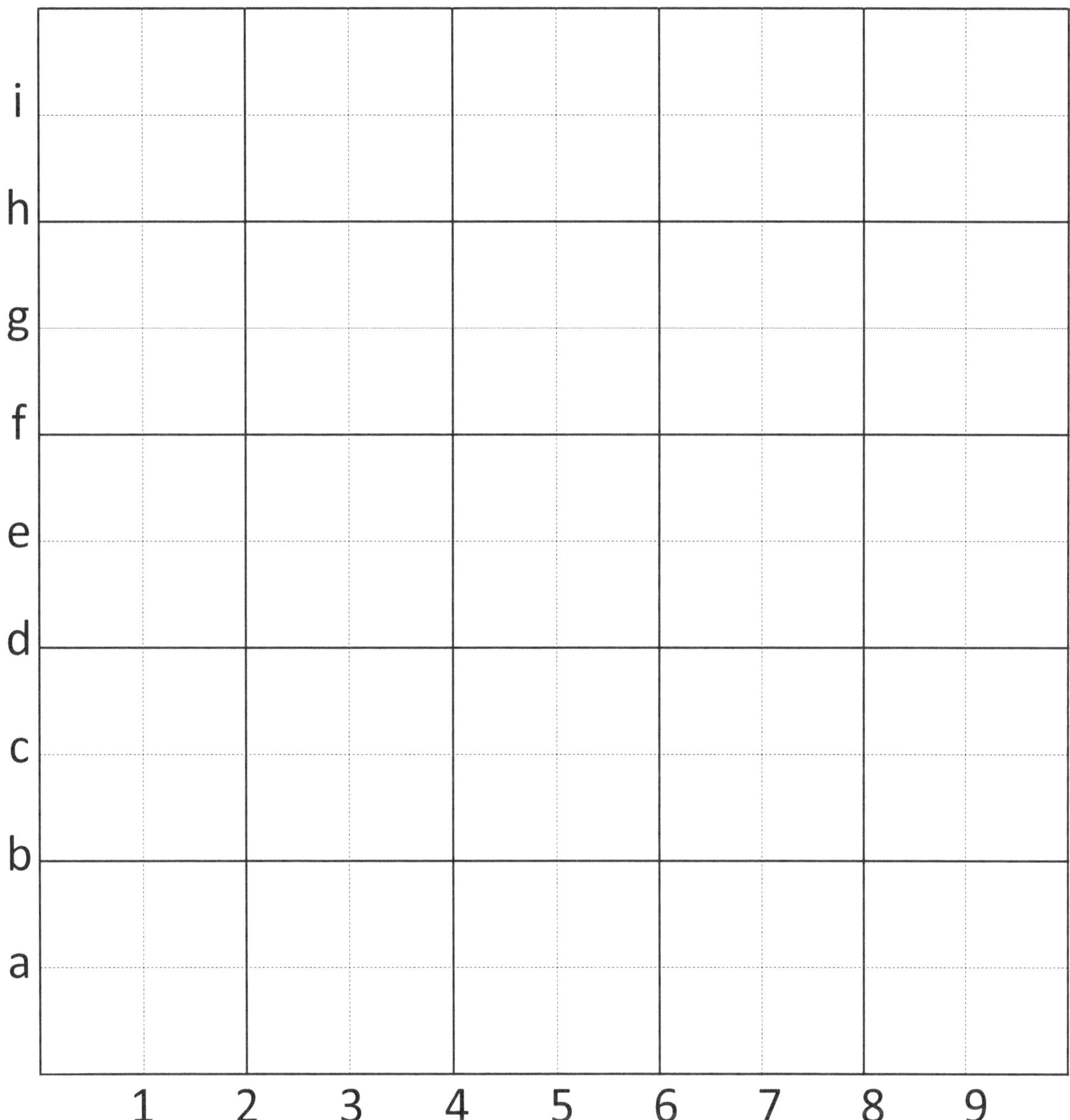
i
h
g
f
e
d
c
b
a
1
2
3
4
5
6
7
8
9

21

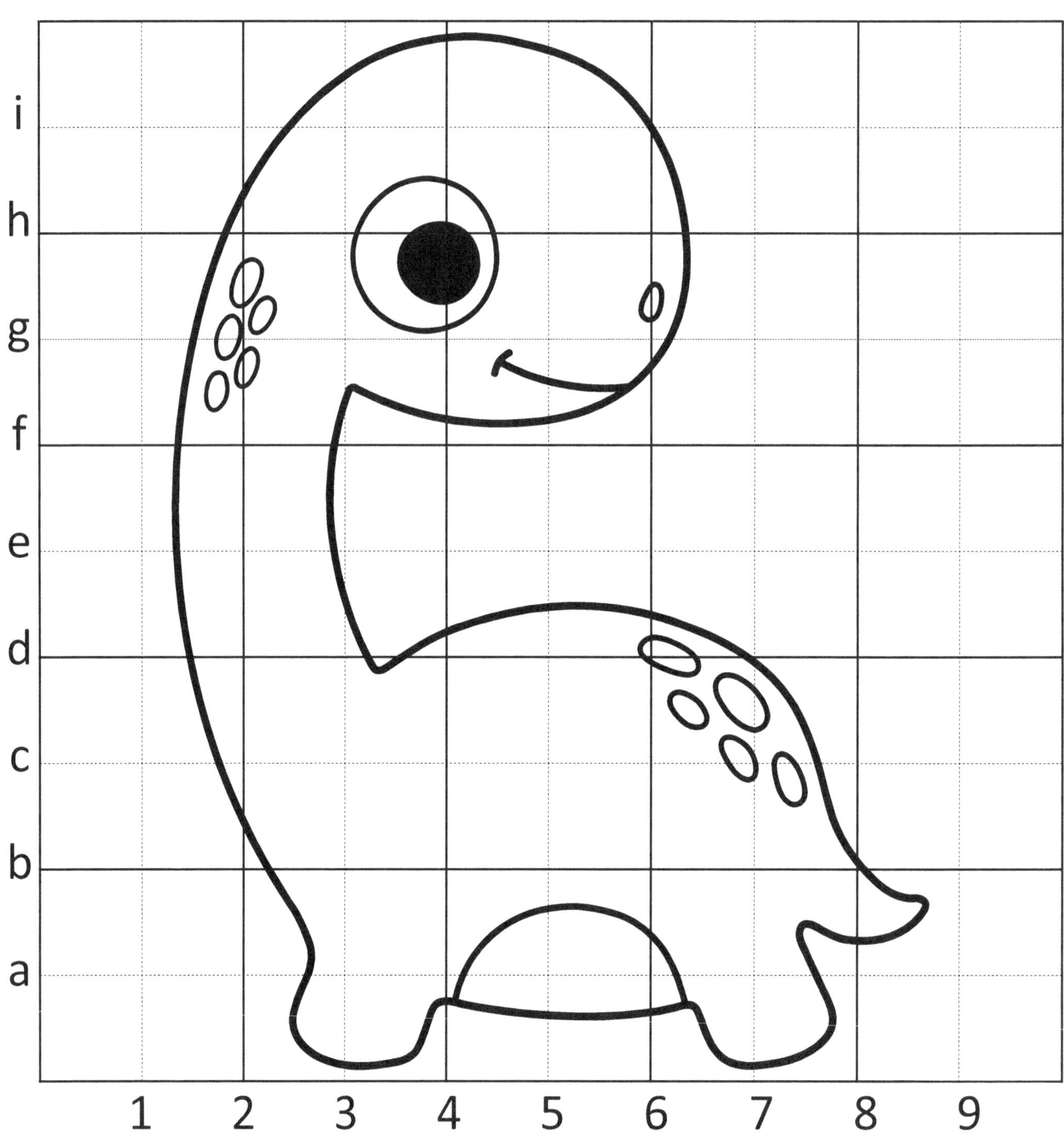

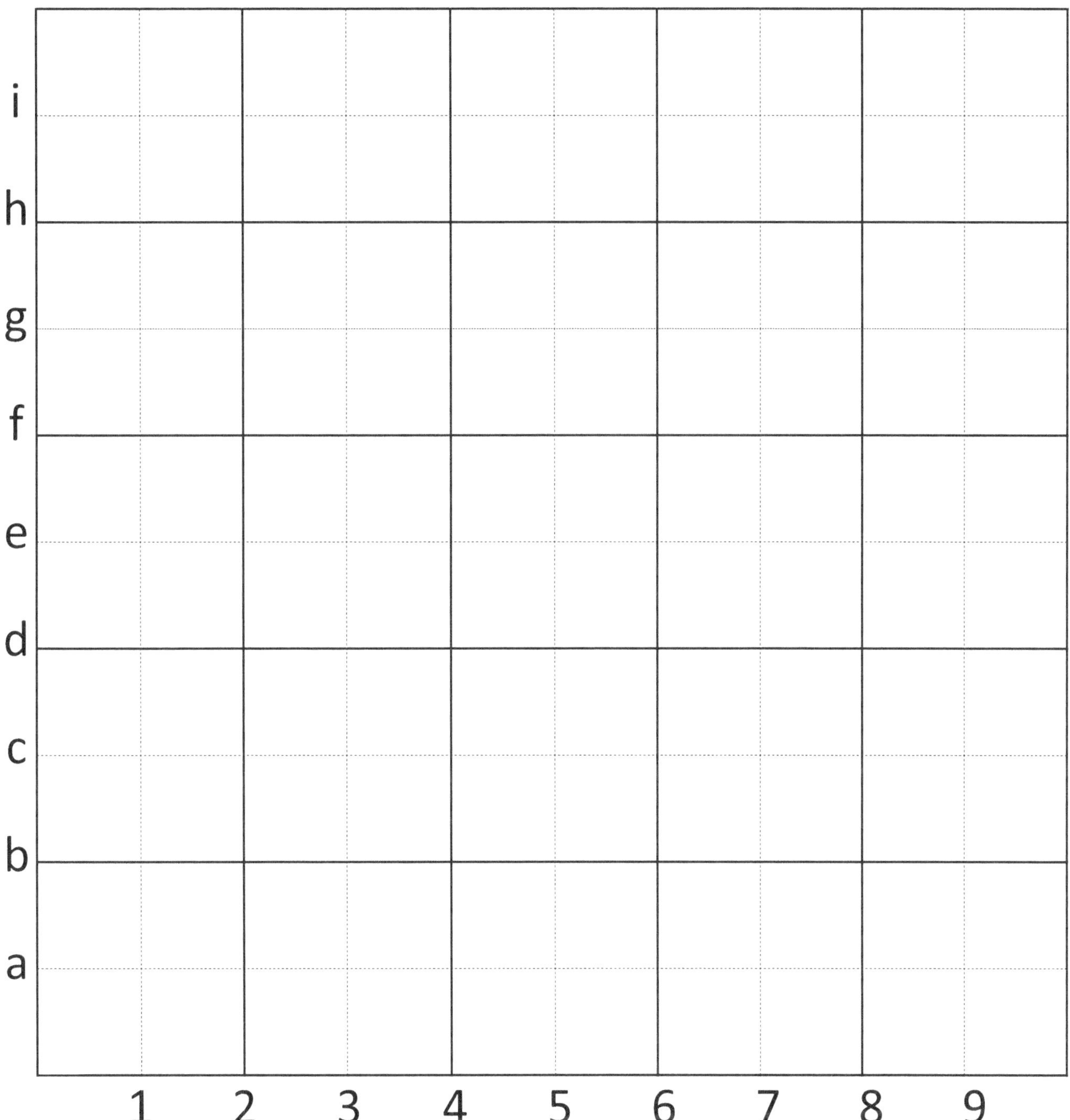
i
h
g
f
e
d
c
b
a
1
2
3
4
5
6
7
8
9

22

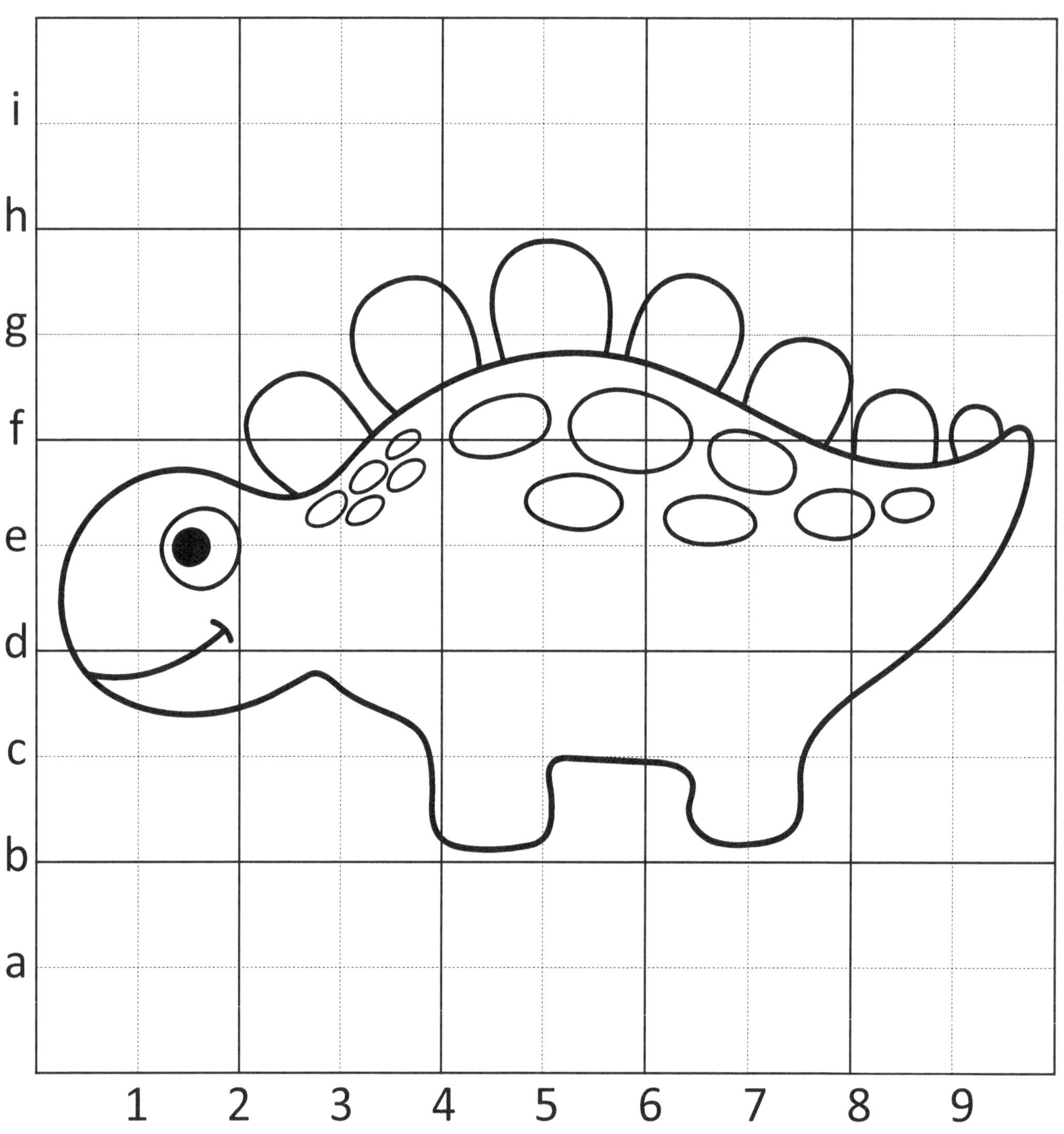

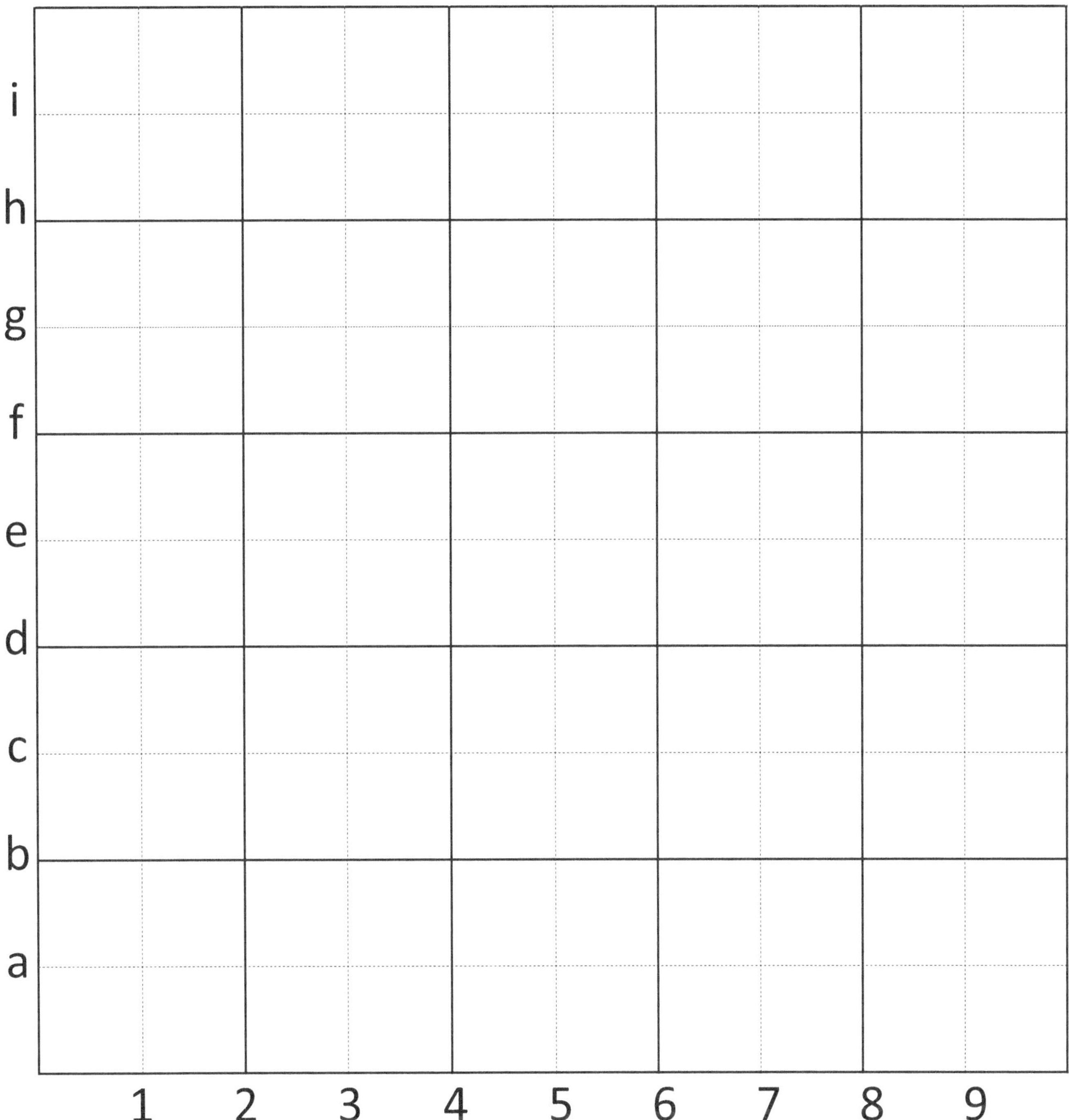
i
h
g
f
e
d
c
b
a
1
2
3
4
5
6
7
8
9

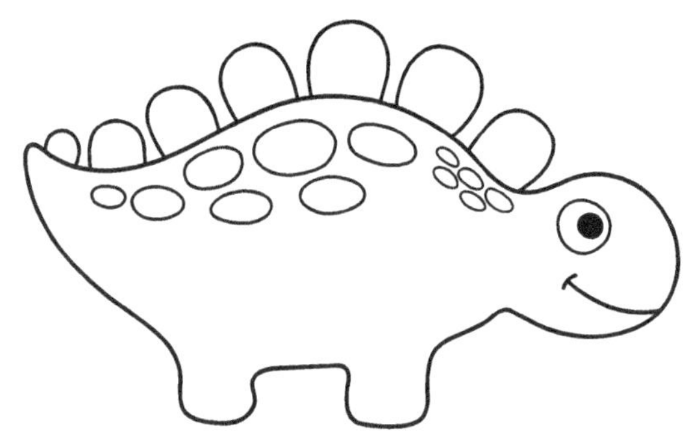

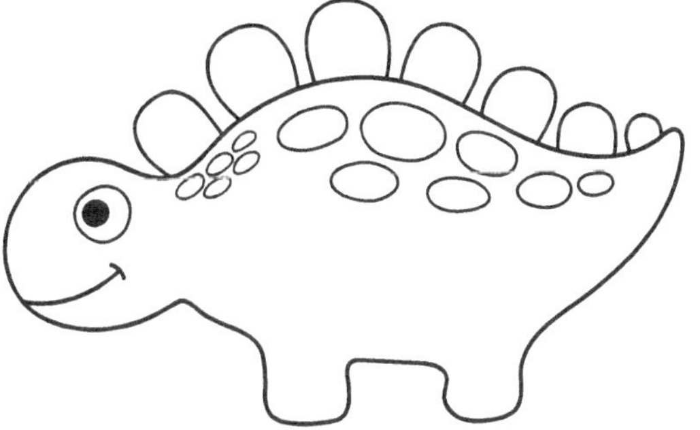

23

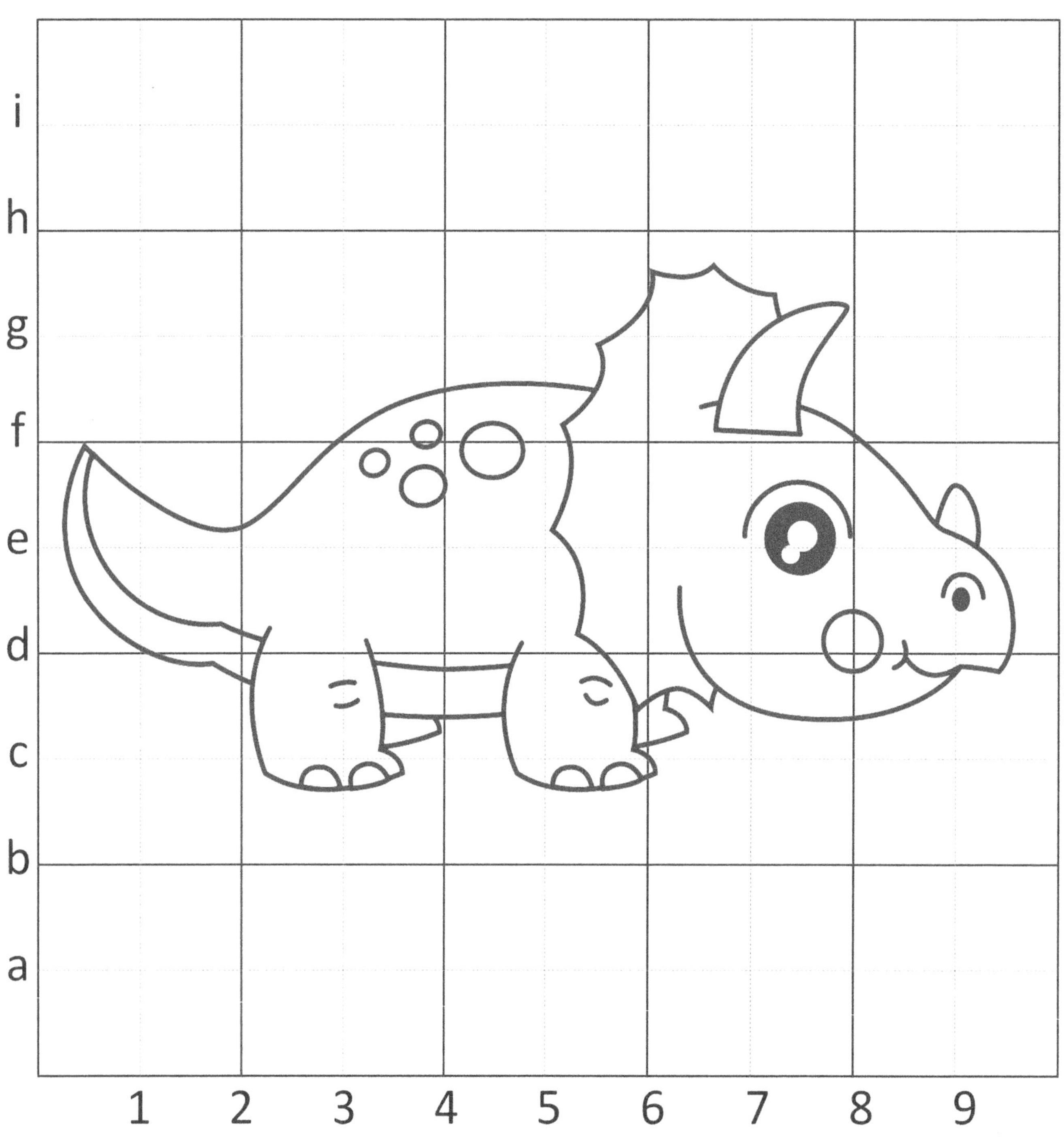

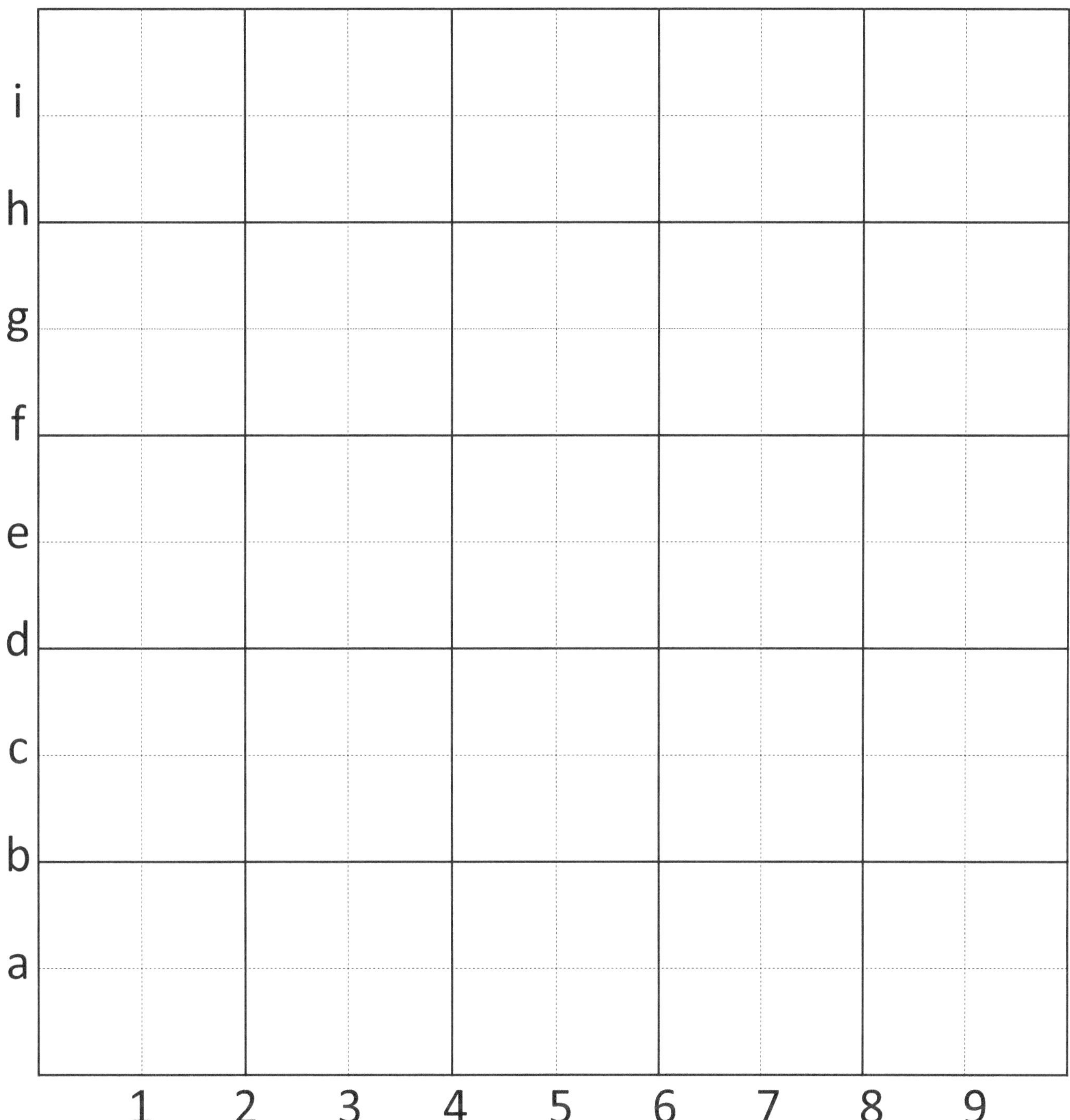
i
h
g
f
e
d
c
b
a
1
2
3
4
5
6
7
8
9

i
h
g
f
e
d
c
b
a

1 2 3 4 5 6 7 8 9

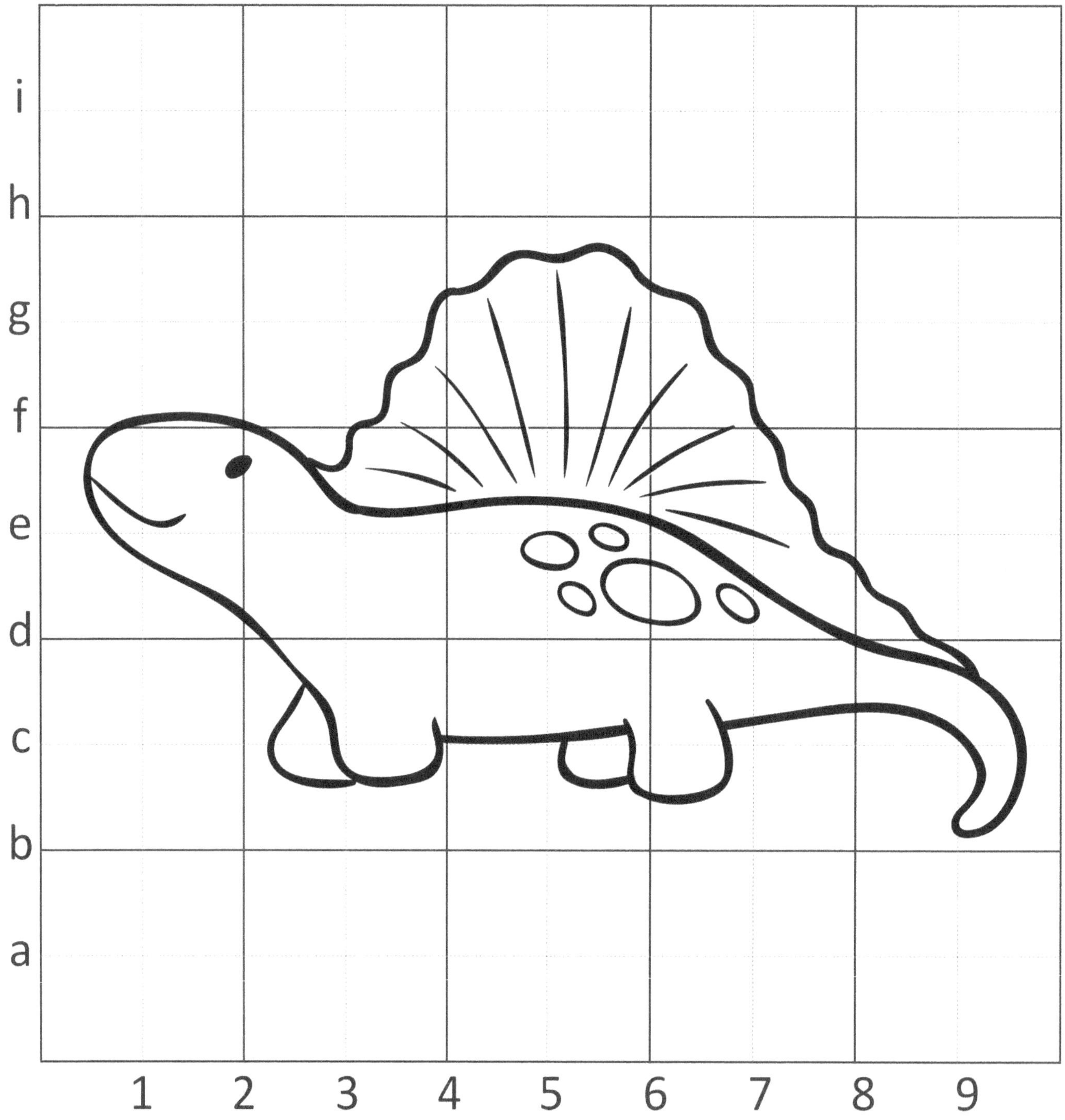

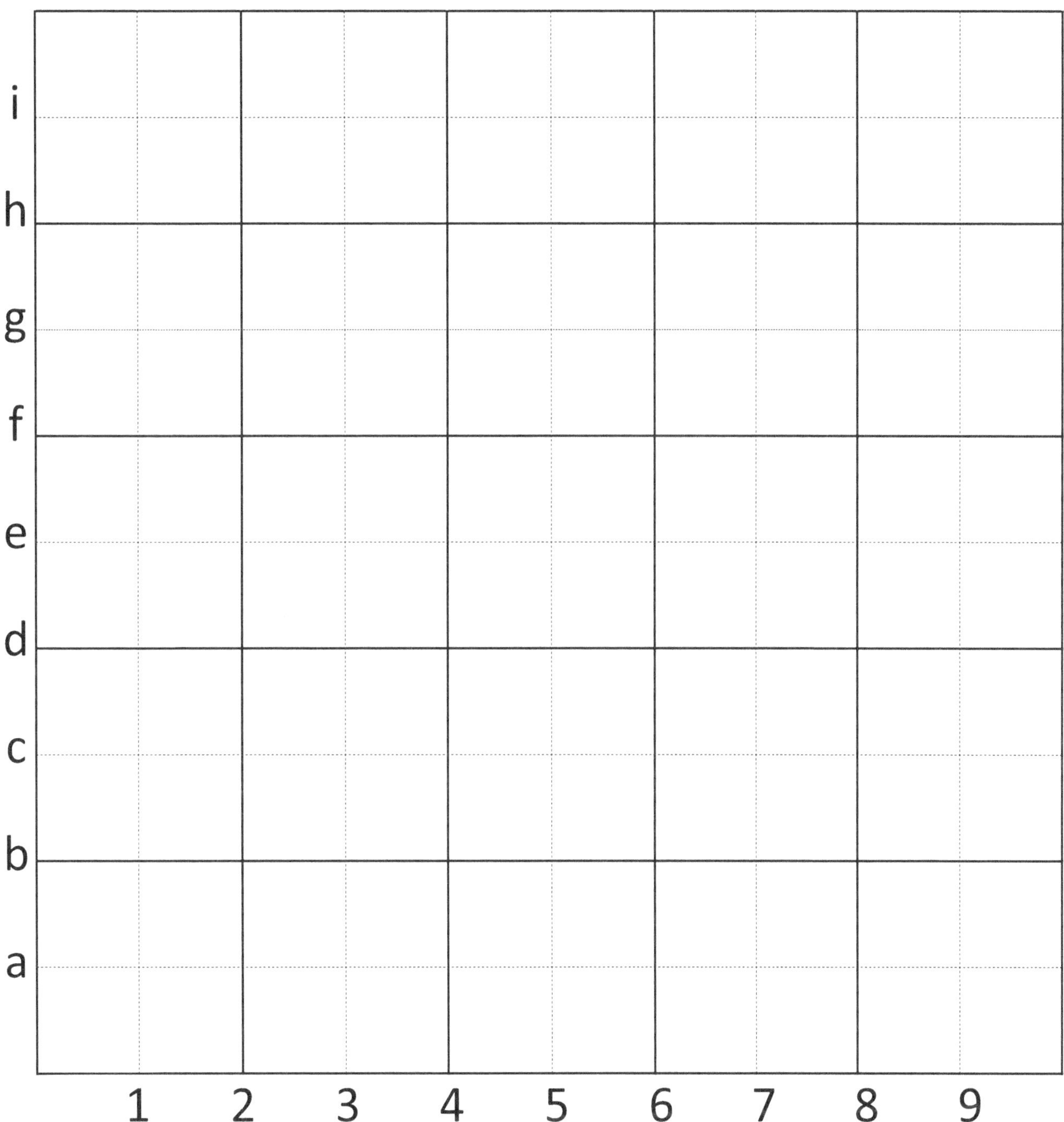
i
h
g
f
e
d
c
b
a
1
2
3
4
5
6
7
8
9

i
h
g
f
e
d
c
b
a

1 2 3 4 5 6 7 8 9

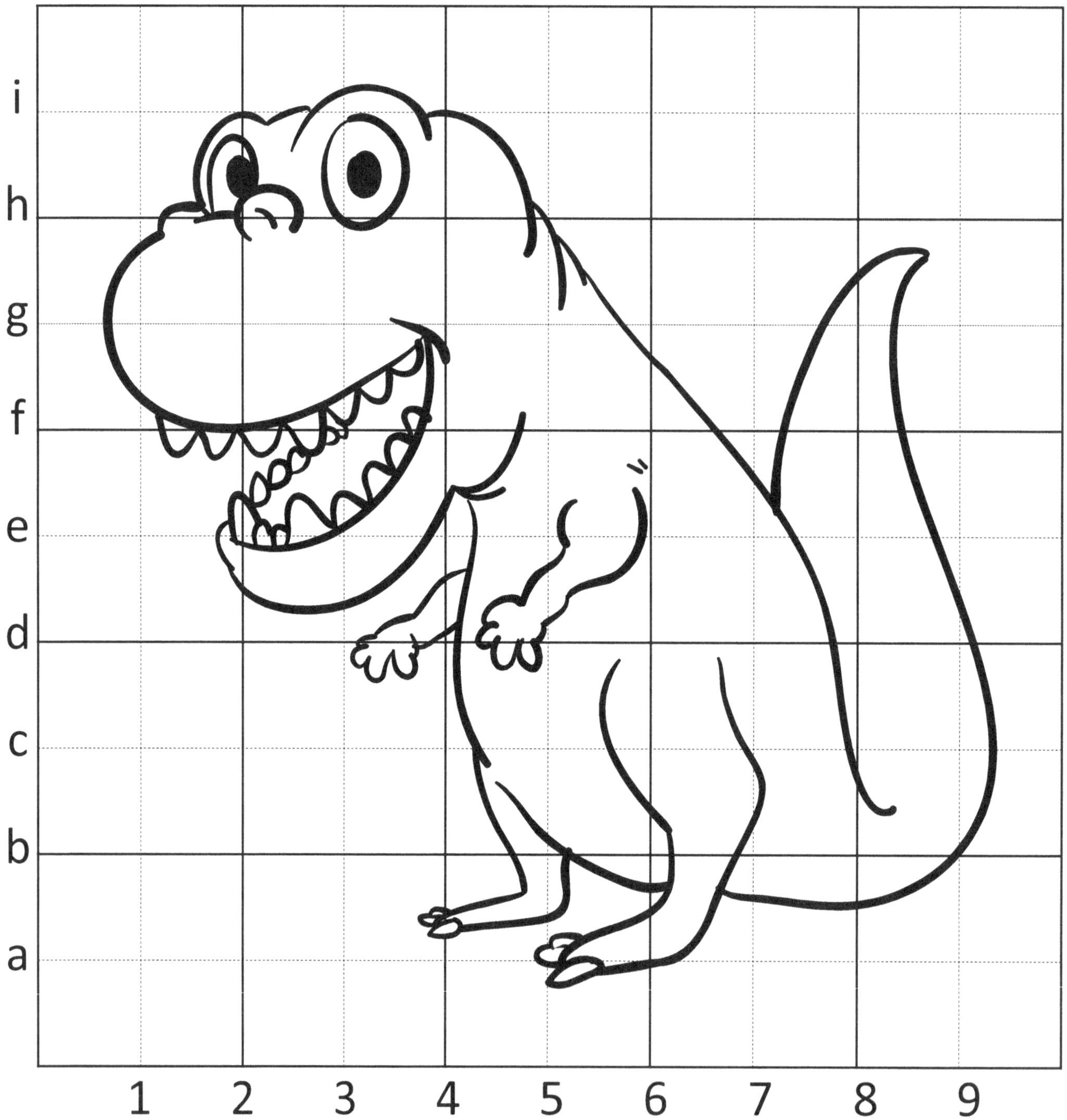

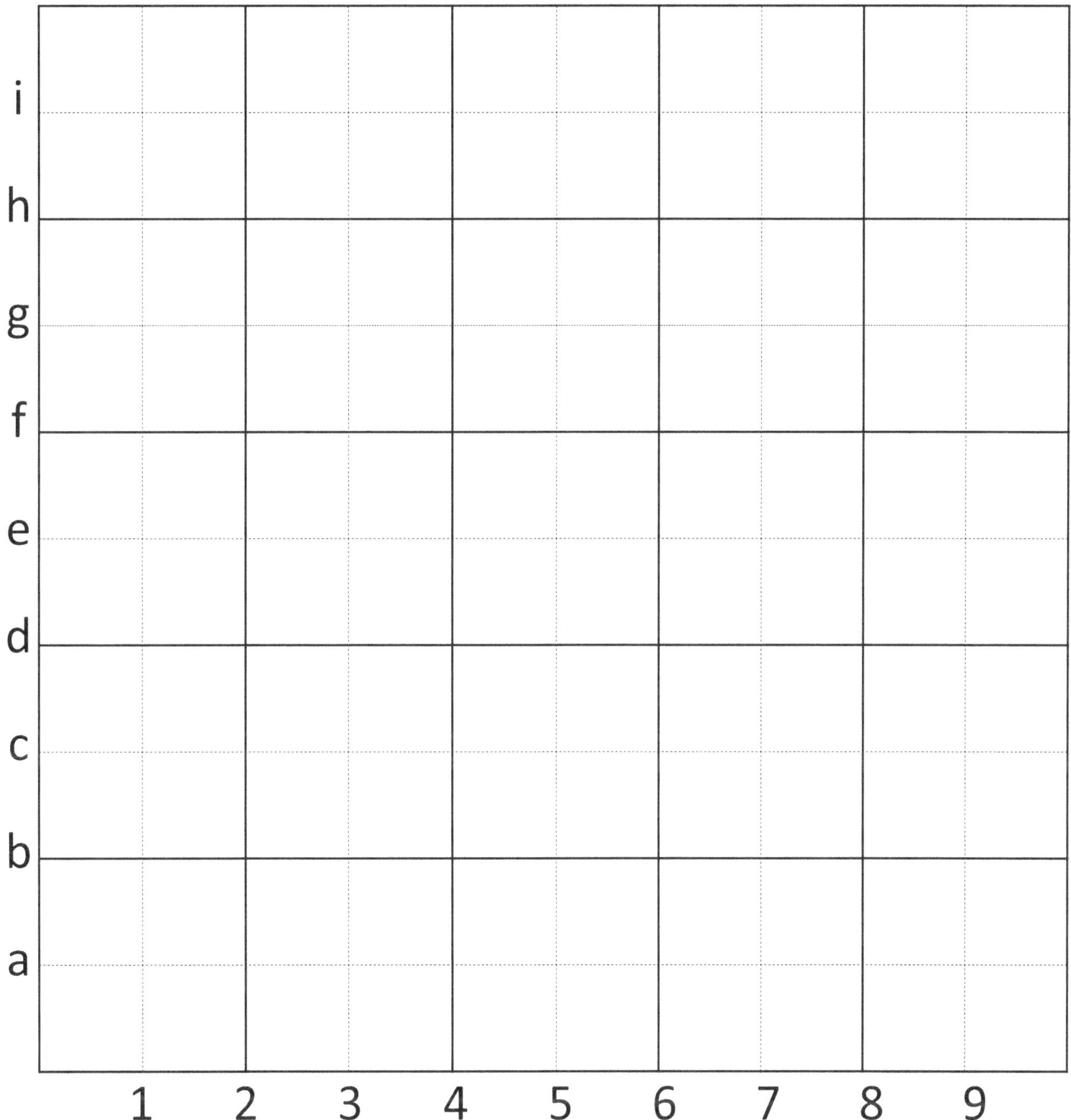
i
h
g
f
e
d
c
b
a
1 2 3 4 5 6 7 8 9

www.ingramcontent.com/pod-product-compliance
Lightning Source LLC
Chambersburg PA
CBHW081402280526
45788CB00009B/2963